Über dieses Buch…

AF192056

…gibt es an dieser Stelle nichts zu berichten! Ihr möchtet wohl gerne hier einen kurzen Klappentext mit tollen Pointen lesen, um dann dieses Buch in das Regal Eures Händlers zurückzustellen ohne es zu kaufen? Leute, ich bin zwar Pädagoge, aber nicht blöd!

Nieten in Cordbundfaltenhosen

über Lehrer, Fachleiter, Referendare und weitere Krachlatten

von:

Schälmesser

Bibliographische Information der deutschen Bibliothek

Die Deutsche Bibliothek verzeichnet diese Publikation in der Deutschen Nationalbiographie: detaillierte bibliographische Daten sind im Internet über www://dnd.ddb.de abrufbar

Herstellung und Verlag: Books on Demand GmbH, Norderstedt
ISBN-13: 9-78383912429-1

Inhaltsverzeichnis

Vorwort

So, so! Da halten wir nun also ein Buch über Lehrer in den Händen. Sicherlich werden sich jetzt der ein oder andere fragen: „Muss das denn wirklich sein? Wir hatten doch eine ziemlich tolle Finanzkrise, da wäre es doch ungleich spannender, mal über Manager zu schreiben!" Dieser Einwand mag vordergründig richtig sein. Ich habe mich aber entschlossen, *nicht* über Manager zu schreiben und dies aus guten Gründen. Zum einen gibt es schon ein Buch, das kein gutes Haar an den armen Spitzenmanagern dieses unseres Landes lässt. Dem kann man sicherlich entgegenhalten, dass es ja auch schon das ein oder andere Buch über Lehrer gibt. Und genau jetzt kommen wir zu dem Grund, weshalb ich mich entschieden habe, über Lehrer und nicht über Manager zu schreiben. Verfasst man ein Buch über Führungskräfte aus der Privatwirtschaft, dann ergeben sich daraus genau zwei Szenarien:

- Die Führungskräfte werden das Buch lesen.
- Die Führungskräfte werden das Buch nicht lesen.

In beiden Fällen evoziert dies von der besagten Zielgruppe folgende Reaktion: Gar keine! Denn entweder haben die Manager keine Zeit und/oder keine Lust sich dagegen zu äußern. Schreibt man hingegen ein Buch über Lehrer, dann ergeben sich wiederum zwei Szenarien:

- Die Lehrer werden das Buch lesen.
- Die Lehrer werden das Buch nicht lesen.

In beiden Fällen wird es dann zu ein und derselben Reaktion kommen, d.h. Aufschrei, Wehklage und Beschimpfungen. Und nun sind wir endlich beim entscheidenden Punkt! Die Lehrer haben Zeit und/oder Lust sich dagegen zu äußern…außerdem könne die sich immer so schön aufregen.

Zum besseren Verständnis und um ein wenig Platz zu schinden habe ich jedem Kapitel mindestens ein Bild zugefügt. Die einzelnen Kapitel sind so kurz gehalten, dass sie bequem beim

Toilettengang abgefrühstückt werden können, bei normaler Verdauung hieße das, dass man das Büchelchen eigentlich in einer Woche durch haben müsste.

Viel Spaß – oder auch nicht!

Und es stimmt doch – nicht...oder etwa doch?

Der Lehrer als solcher kann wohl zum widersprüchlichsten Personenkreis überhaupt gezählt werden. Es gibt in diesem Lande keine Berufsgruppe, die so viele Vorurteile auf sich vereint. Und um gleich etwas Würze nach den relativ laschen ersten zwei Sätzen einzustreuen: Es gibt in diesem Lande auch keine Berufsgruppe, bei der diese Vorurteile sowohl vollkommen richtig als auch vollkommen falsch sind. Eins der populärsten Vorurteile hat der nicht-haupthaargefärbte Altbundeskanzler Gerhard Schröder geprägt, der alle Lehrer einfach so als *faule Säcke* titulierte. Mit diesem Ausspruch hat er einem Teil der bundesdeutschen Bevölkerung aus tiefstem Herzen gesprochen (gemeint ist hier die werktätige Bevölkerung) und der andere Teil der bundesdeutschen Bevölkerung hätte dem Altkanzler am liebsten mit dem kommunistischen Manifest die Eier breit gehauen (gemeint ist hier die werktätige Bevölkerung, die nicht so richtig wirklich arbeiten und sich deshalb Beamte nennen ...und das war auch ganz schön böse).

Es bleibt somit festzuhalten, dass dieser Ausspruch die Gemüter scheiden ließ. Ganz objektiv muss einfach die Frage erlaubt sein, ob es überhaupt politisch korrekt ist, so etwas einfach mal so zu behaupten. Was ist denn mit den beiden anderen Lehrern in diesem unseren Land, die ganz brav ihre 41 Stunden in der Woche abschrubben, zumindest den beiden würde man damit doch Unrecht tun! Müßig darüber zu sinnieren, denn der Sender der Botschaft *Lehrer sind alle faule Säcke* hat sich ja selbst ins Abseits gestellt: „Darf man denn als echter Sozialdemokrat mit einer echten Havanna Zigarre in der Knabberleiste die Titelblätter populärer Illustrierter zieren?", konterten die Gegner der Faulen-Säcke-These wütend. Doch was soll das ganze Hin und Her. Irgendwann geschah mit dieser These das, was mit allen provokanten Thesen passiert, sie wurde nicht mehr diskutiert und geriet in die Vergessenheit. Ex-Bundeskanzler und Lehrer beschlossen im Stillen das folgende Agreement: Was soll das ganze Gerede! Wir sind doch beide

Staatsdiener. Wir einigen uns einfach darauf, dass der eine Zigarren rauchen darf, während sich die anderen am (faulen) Sack kratzen dürfen.

Das Kollegium der Edelgard-Mahlzahn-Gesamtschule bei einem Seminar zum Thema „ganzheitliche Gruppendynamik". OStR Pimmelpups (der mit der dicken Kiste) zeigt allen, wie es geht.

Diese populäre These wird überdies dadurch entkräftet, dass der Lehrer als solcher ja bekanntermaßen mindestens 82 Stunden in der Woche arbeitet. Dummerweise beruht diese Aussage nicht auf den Ergebnissen empirischer Forschung, sondern vielmehr auf dem Indianerehrenwort der Betroffenen. Überträgt man dies auf die freie Marktwirtschaft, dann wäre das ungefähr so als würde irgendein Vorstand sagen: „Leute, schreibt euch eure Arbeitsstunden mit ohne Lügen in euer Notizbüchelchen auf und nehmt euch dann soviel Arbeitslohn aus meiner Kasse wie ihr meint!" So etwas gibt es natürlich nicht in der Privatwirtschaft, sondern nur im öffentlich-rechtlichen System und dort nennt man so etwas in verkürzter Form Diätenpolitik. Und somit wissen wir nun, weshalb sich Sozialdemokraten Davidhoff-Zigarren leisten können. Leider ist aber noch nicht die Frage geklärt, ob die Lehrer denn nun wirklich faule Säcke sind.

Hält man sich beispielsweise Urlaubstage von privatwirtschaftlich Werktätigen und die Ferientage von Lehrern vor Augen, dann wird ein weiteres Mal deutlich, dass man auch mit
diesem Vergleich die Faule-Säcke-Frage leider nicht beantworten kann. Führt man einem Lehrer seine vielen Ferientage vor
Augen, dann kommt unter Garantie folgende Entgegnung:
„Hast du eigentlich eine leise Ahnung, WIE VIELE Tage ich in
den sogenannten Ferien mit der Unterrichtsvorbereitung bzw.
der Unterrichtsnachbereitung verbringe?" Würde man eben
diese von den Ferien subtrahieren, dann käme man wahrscheinlich auf 7,5 Urlaubstage im Jahr. Und während die zittrige Un-
terlippe deines Gegenübers noch verkrampft versucht, das
hochgespülte Adrenalin gleichmäßig im trägen Beamtenkörper
zu verteilen, kommst du zu der Einsicht, dass Lehrer und faule
Säcke genauso kompatibel sind wie laute Blähungen und
Schweigeminuten auf Beerdigungen: Jeder kennt so etwas zu
Genüge, aber tiefergehende Diskussionen darüber sollte man
sich tunlichst ersparen!

Doch was macht denn nun die Lehrer so typisch? Was cha-
rakterisiert die Lehrer? Wieso kann man als Außenstehender
einen Betriebsausflug von Pädagogen und einen Betriebsausflug
des VW-Betriebsrats exakt voneinander unterscheiden? Es kann
doch nicht nur an den Gratisprostituierten liegen, die die eine
Gruppe umgibt und die sich die andere Gruppe heimlich
wünscht! Gerade in Bezug auf die Faule-Säcke-Diskussion
kann erkannt werden, dass Lehrer hinsichtlich der Kritikfähigkeit echte Borderline Qualitäten an den Tag legen: „Also, wenn
Ihnen irgendetwas an meinem Unterricht nicht passt, dann immer fröhlich raus mit der Sprache bitte! Ich will doch auch dazu
lernen!" Man sollte aber um Gottes Willen nicht auf das schma-
le Brett kommen, dieser Bitte nachzukommen. „Wie können Sie
es sich überhaupt erlauben, meinen Unterricht zu kritisieren?
Auf so einer Ebene diskutiere ich doch gar nicht!" Es liegt auf
der Hand, Lehrer sind schnell eingeschnappt und haben den
Begriff Kritikfähigkeit aus ihrem persönlichen Wortschatz ge-

strichen. Es gibt somit nichts Schlimmeres als einen Berufspädagogen zu kritisieren. Einen Lehrer zu kritisieren ist ungefähr genauso schlau, als würde man in einer Moschee eine Seite aus dem Koran rausreißen, um damit einen Papierflieger zu basteln, der einem amerikanischen Kampfflugzeug ähnelt. Hierbei ist es jedoch urkomisch, dass gerade die Lehrer gerne selbst kritisieren.

Fragen wir doch einmal irgendeinen Dienstleister, z.B. einen Kundenberater bei der Bank, welches seine allerliebsten Kunden sind...richtig! Es sind die Lehrer! Wenn ein Lehrer einen Ratenkredit oder eine Hausfinanzierung aufnehmen möchte, diese mit seinem persönlichen Bankberater sachlich erschöpfend durchdiskutiert, dann kann sich der Bankberater sicher sein, dass der Lehrer in spätestens 24 Stunden wieder vor ihm steht. Er steht vor dem Schreibtisch des Kundenberaters, wild mit einer ausgedruckten MS-Excel-Tabelle wedelnd, die beweist, dass der Kundenberater die effektive Verzinsung des Kredits um sage und schreibe 0,0456% zu hoch ausgewiesen hat. Als ob diese Klugscheißerei nicht schon Demütigung genug wäre, beschleicht den armen Kundenberater immer mehr die folgende Vermutung: Während der letzten Doppelstunde „handlungsorientierte Tabellenkalkulation" hat der besagte Lehrer seine Schüler an der folgenden Aufgabenstellung schwitzen lassen: *Herr Max Mustermann möchte ein Haus kaufen, hierzu benötigt er ein Darlehen in Höhe von 240.000€. Seine Bank bietet ihm ein Annuitätendarlehen zu den folgenden Konditionen an. 5% Zinsen und 2% anfängliche Tilgung. Darüber hinaus wird eine einmalige Bearbeitungsgebühr von 0,5% des Darlehensbetrages berechnet. Berechnen Sie den effektiven Jahreszinssatz mit Hilfe des Tabellenkalkulationsprogramms!* Der Kundenberater der Bank weiß das deshalb so genau, weil ihm sein Sohn erst gestern Abend diese Aufgabe vorgelegt hat und der Sohnemann keine Ahnung hatte, wie er sie lösen kann. Und nun steht besagter Lehrer vor seinem Schreibtisch, pinkelt einen ganz dicken Strahl und freut sich einen Wolf, dass er seine privaten Themen ruhigen Gewissens während seiner Dienstzeit lösen lassen kann und dabei sich selbst noch das Prädikat „pädagogisch wertvoll" verleihen kann. Es kann also zunächst ganz allgemein festgehalten werden, dass es die eine oder andere Institution gibt, bei der die Lehrer genauso beliebt sind wie ein ansteckender Hodenpils im Swingerclub. Überflüssig zu erwähnen, dass es sich bei diesen Institutionen um Betriebe aus dem privatwirtschaftlichen Bereich handelt. Wenn Lehrer bei einer anderen Behörde aufschlagen, dann ist das nicht weiter gefährlich, denn aus esoterischer Sicht kompensieren sich dann diese beiden negativen Kräfte zu einer harmlosen Null. Es dürfte ja gemeinhin bekannt sein, dass Unfreundlichkeit eine wesentliche Einstellungsvoraussetzung für die Beamtenlaufbahn ist. Warum Lehrer nun bei einigen privatwirtschaftlichen Dienstleistern den Wunsch nach Rehabilitation der heiligen Inquisition hervorrufen, sei hier in kurzen Stichpunkten dargelegt.

- Es liegt an ihrer Art, alles bis ins letzte Detail zu hinterfragen. „...zu den Punkten 2, 5, 8, 11, 13 und 22 des Vertrages habe aber schon noch ein paar tiefschürfende Fragen, bevor ich unterzeichne!"

- Es liegt an der Eigenart, seinem Gegenüber nach 5 Stunden Verhandlungen im Ungewissen zu lassen. „Ich nehm' das mal mit nach Hause, um es mir in Ruhe durchzulesen. Ich werde mich dann spätestens in den Herbstferien bei Ihnen wieder melden, falls ich dann Zeit finden sollte!"

- Es liegt an der überheblichen und besserwisserischen Art. „Mit den monatlichen Raten, die sie mir da ausgerechnet haben, bin ich überhaupt nicht einverstanden! Ich habe einfach mal die Fehler, die ihnen da unterlaufen sind, mit rot markiert! Wenn sich das nicht bessern sollte, dann muss ich wohl mal mit ihren Eltern sprechen!"

- Es liegt an dem öffentlich-rechtlichen Humor, über den wirklich nur Berufsbeamte lachen können. „Ich habe zwar einen sicheren Arbeitsplatz, aber ich glaube nicht, dass sie wirklich mit mir tauschen möchten!"

- Es liegt an Aussagen, die für manche Empfänger aus der Privatwirtschaft wie blanker Zynismus klingen. „Ach wissen Sie, eigentlich war es immer mein Traum, Bankkaufmann zu werden! Und wenn ich mir den ganzen Stress anschaue, den ich im Augenblick habe, dann bereue ich es noch heute, dass ich mich nicht dazu entschieden habe!"

- Und schließlich liegt es an der oftmals falsch verstanden Solidarität, die Lehrer gerne und häufig an den Tag legen. „Mir brauchen Sie da überhaupt nichts zu erzählen, schließlich bin ich genau so ein Dienstleister wie Sie auch!"

Erstaunlicherweise erkennt man den Lehrer häufig schon, bevor er den Mund aufgemacht hat. Gerade das Outfit der männlichen Berufspädagogen lässt sich kurz und knapp mit den folgenden Worten charakterisieren: Einmal rumänischer Wochenmarkt hoch und runter. Sie besitzen meistens einen Satz Klamotten für warme Tage und einen Satz Klamotten für kalte Tage. Diese werden dann bis zur wohlverdienten Frühpensionierung aufgetragen („Warum? Da ist doch das Gute noch nicht von ab?!"). In den Sommertagen wird dieses Bild dann noch von Fahrradspangen und Fahrradhelm abgerundet („Was gibt es da zu lachen? Man muss doch jetzt Fahrradhelme tragen!"). Und genau mit diesem modischen Grenzgang schließen die Lehrer dann Rechtsgeschäfte wie die bereits schon angesprochene Hausfinanzierung ab. Der Vorteil für den jeweiligen Bankberater liegt klar auf der Hand. Wenn jemand am Freitag um 14.30 Uhr mit Fahrradhelm, Bundfaltenjeans und einem knallbunten Ernstings-Family-Hemd den Schalterraum betritt, dann weiß jeder Bankmitarbeiter ganz genau: „Überstunden abbummeln kann ich mir heute von der Backe putzen, da kommt ein Lehrer, der viel reden will, alles besser weiß und unter Garantie keinen Vertrag abschließt!"

Das bereits skizzierte Bild des Lehrers wird durch einen lässig umgeworfenen Rucksack komplettiert, den es bei irgendeiner Tanke für 30 Treuepunkte und 4,50 € Zuzahlung zu erwerben gab. Dieser bietet nicht nur Platz für alle benötigten Unterlagen, sondern bildet nun wirklich das letzte modische Tüpfelchen auf dem „i". So ausstaffiert, d.h. Fahrrad, Fahrradspangen, Fahrradhelm, auf dem sich häufig noch irgendein intellektueller Aufkleber befindet („Robbenschlachten – find´ ich doof!"), bulgarischer Fernfahrerpulli und ARAL-Rucksack kann es für den unbedarften Betrachter wirklich nur zwei Rückschlüsse geben. Entweder handelt es sich dabei um den Hauptdarsteller eines neuen Detlev Buck Films oder schlicht und ergreifend um einen Pädagogen. Und da Detlev Buck nicht 365 Tage im Jahr einen Film mit schrägen Hauptdarstellern drehen kann, engt sich hier die Auswahl auf ein sehr überschaubares Maß ein.

Des Weiteren sind Lehrer häufig gegen Atomstrom und gegen Amerika, wenn es von einem weißen Präsident regiert wird. Sie haben in Vietnam ein Patenkind, weil sie sich für das Elend, das Amerika in Vietnam versucht hat, irgendwie verantwortlich fühlen und weil sie sowieso gegen Amerika sind (s.o.). Lehrer beschäftigen sich in ihrer Freizeit mit Sachen wie beispielsweise „Literatur der kongolesischen Gegenwart" oder „Litauische Küche". Überdies lachen Lehrer gerne über intellektuelle Satiriker, die keiner kennt und deren Humor auch keiner versteht. Ich bin übrigens der Meinung, dass sich viele männliche Lehrer am Wochenende heimlich Bud Spencer Filme anschauen. Wenn man auf einer Party von 2-3 Lehrern penetriert wird, dann braucht man nur ein paar Türkenwitze vom Stapel lassen und kann sich dann gewiss sein, dass man für die verbleibende Zeit von den Pädagogen in Ruhe gelassen wird. Am Wochenende gehen die Lehrer gerne in die Oper oder ins Theater („Sorry, morgen kann ich leider nicht, ich habe doch das Opernabo und das möchte ich gerne auskosten!"). Ausgenommen hiervon sind

EDV-Lehrer, die am Wochenende nicht ins Theater oder in die Oper gehen, weil sie häufig zu Hause noch *irgendetwas installieren* müssen. Lehrer kennen maximal 20 verschiedene Schimpfwörter, von denen sie 4 schon mal aus Versehen während ihres Unterrichts laut artikuliert haben. Lehrer haben zu allem eine Meinung und wissen zu 90% aller bereits gemachten Lösungsvorschläge einen besseren Weg oder sie führen einen Einwand an, der bestehende Lösungsvorschläge ad absurdum führt („Mmmh, kann man durchaus so machen, ich gebe aber hier Folgendes zu bedenken…"). So kann ein Lehrer für Deutsch und Geschichte treffendere und richtigere Diagnosen stellen als sein Hausarzt. Und ein Lehrer für Wirtschaft und Bankbetriebslehre kann ökonomische Zusammenhänge und das Wesen der Banken unterrichten, obwohl er noch nie eine Bank von innen gesehen hat…den Besuch bei seinem persönlichen Kundenberater können wir diesbezüglich nun wirklich nicht unter der Überschrift „berufspraktische Erfahrungen" subsumieren.

Was bleibt ist die Tatsache, dass Lehrer nach wie vor zu der widersprüchlichsten Berufsgruppe dieses Landes zählen. Bei keiner anderen Berufsgruppe kann gesagt werden, dass die ganzen Vorurteile über sie so komplett falsch und doch zugleich komplett richtig sind. Und ich muss mit der Gewissheit leben, dass ca. 6 geschriebene Seiten ausreichen, um 500 Feinde mehr in meinem Leben zu haben…und ein paar Seiten folgen noch…ich mag das gar nicht hochrechnen!

Lehrer in historischer Betrachtung

Bei genauerer Betrachtung des Lehrerberufs muss auch der größte Kritiker fairerweise zugeben, dass sich diesbezüglich in der Vergangenheit eine ganze Menge getan hat. Wenn wir nur mal 60-70 Jahre zurückblicken, dann muss ganz objektiv festgestellt werden, dass der Lehrer vor 70 Jahren mit dem Lehrer in der heutigen Zeit überhaupt nicht mehr vergleichbar ist. Wenn man sich die alten Kanten von damals vor Augen führt und die Flauschlappen von heute sieht, dann erübrigt sich eigentlich jedes weitere Wort. Trotzdem wollen wir hier kurz die jüngere Geschichte des Lehrerberufs mal ein wenig Revue passieren lassen.

Früher galt der Lehrer als echte Respektsperson. Er gehörte neben dem Dorfgeistlichen und noch einem, den ich leider vergessen habe, zu den Leuten, die qua Status immer Recht hatten. Dies klingt bis dato noch nicht sonderlich spektakulär, da ja bekanntermaßen die Lehrer heute auch immer noch Recht haben. Bei nuancierter Betrachtung zeigen sich hier jedoch bereits erste Unterschiede: Früher *hatten* die Lehrer immer Recht und heute *glauben* sie, immer Recht zu haben. Wenn früher beispielsweise ein Lehrer nicht mit anständigem Diener und Seitenscheitel gegrüßt wurde, dann hatte der Lehrer das Recht, den betreffenden Schüler öffentlich eins auf den Ballon zu geben. Und nun kommt der Knaller: Wenn dieser Schüler die Dreistigkeit besaß, dies bei seinen Eltern zu petzen, dann gab es von den alten Herrschaften halt die nächste Jagdreise mit anschließender Zwangsverwahrung im Kohlenkeller.

Wenn der Lehrer das Klassenzimmer betrat, dann standen alle Schüler auf, nahmen eine stille Demutshaltung ein und warteten darauf, dass ihnen die hohe Ehre zuteil wurde, das vom Lehrer geäußerte „Guten Morgen" laut und inbrünstig zu erwidern. Danach nahm sich der Lehrer in aller Regel die Freiheit, vor versammelter Mannschaft zu verkünden, welcher Schüler zu dämlich ist, ein Loch in den Schnee zu pinkeln. Das damalige Prinzip war nicht nur effektiv, sondern auch einfach und

16

genial. Gute Leistungen wurden gebührend mit weniger Prügel honoriert und für schlechte Leistungen gab es halt richtig Dresche. Das Klassenzimmer war seinerzeit mit Tafel und Kreide ausgestattet, überdies gab es unbequeme Sitzgelegenheiten mit knarrenden Schreibpulten. Diese standen in Reih und Glied. Sitzformen wie Stuhlkreis oder Hufeisen, die im Zuge der Bienenwachskerzenpädagogik immer mehr an Popularität gewannen, waren zu dieser Zeit vollkommen fremd. Unterrichtet wurde vom Katheder aus. Und wenn die Schüler ehrfurchtvoll zu dem Lehrer, der hinter seinem Katheder stand, aufschauten, dann wurde auch dem allerletzten Trottel klar, wer hier der eigentliche Chef im Ring ist. Jungen und Mädchen wurden getrennt voneinander beschult, so dass keiner der beiden Geschlechter auf dumme Gedanken kam und sich alle auf das Wesentliche, nämlich auf den Unterrichtsstoff, konzentrieren konnten. Somit ist es auch durchaus erklärbar, dass die Knaben seinerzeit erst mit 27 Jahren geschlechtsreif wurden, wobei die Mädels schon mit 12 Jahren wussten, wie man Bettlaken und Baumwollschlüpfer ordentlich bügelt. Und falls jemand doch auf dumme Gedanken kam, dann gab es halt wieder ein klein wenig Backenfutter mit dem Rohrstock aber das hatten wir ja bereits ausführlich diskutiert. Die Lehrer folgten seinerzeit einem ganz einfachen Dogma: Wenn einer etwas nicht begriffen hat, dann war er eben zu doof oder zu faul, im Zweifelsfall war er eben beides. Alle Begründungen lieferten jedoch ausreichend Legitimation für den Lehrer, dem betreffenden Schüler wieder mal mächtig was vor die Schnauze zu geben.

Auch die gesellschaftliche Akzeptanz des Lehrers war in früheren Tagen ganz anders. Wenn ein Lehrer damals in einer gemütlichen Kaffeerunde gefragt wurde, welchen Beruf er denn ausübt und er dann mit sonorer Stimme seinen Beruf kundtat, dann wurde dies von allen Beteiligten mit einer ehrfurchtsvollen Schweigeminute quittiert. Später wurde dann öffentlich damit angegeben, dass man einen Lehrer persönlich kennen würde und der Platz, auf dem der fragliche Lehrer saß, wurde dann im engsten Familienkreis vom Dorfgeistlichen als Pilgerstätte geweiht. In der Ehrfurchtsreihenfolge kam der Lehrer gleich hinter dem König, Lehrer standen ganz weit oben auf der Liste der Leute, die es im Leben geschafft hatten. Es wird hier übrigens ganz bewusst nur von *dem* Lehrer gesprochen, da es in der jüngeren Vergangenheit so gut wie keine weiblichen Lehrer gab, weil die Frauen nicht so hart zuschlagen konnten und weil diese schließlich im Haushalt genug zu tun hatten.

Kurz und klein, das Leben war damals nicht einfach, jedoch irgendwie ganz in Ordnung. Jeder hatte seinen fest zugewiesenen Platz, der so auch akzeptiert wurde bzw. so auch akzeptiert werden musste. Es gab klare und einfache Regeln, die befolgt werden mussten. Wer sich die Freiheit nahm, diese Regeln zu durchbrechen, der musste damit rechnen, fürchterlich was an die Kauleiste zu bekommen.

Hier lässt sich bereits erkennen, dass sich so ein ganz klein wenig getan hat, was den Lehrerberuf anbelangt. Das Berufsbild und das Image des Lehrers haben sich geändert, weil sich irgendwie alles geändert hat. Alle sind froh und glücklich, dass die alte Zeit ad acta gelegt worden ist. Die Eltern freuen sich, dass sie nicht mehr zwanghaft mit der Schule einer Meinung sein müssen („Wieso Erziehung? Das muss doch die Schule machen!"), die Schüler sind dankbar dafür, dass sie nicht mehr die doofen Prügelknaben der Nation sind, sondern auch von den Lehrern als gleichwertige Mitglieder der Gesellschaft akzeptiert werden und sanktionsfrei ihre persönliche Meinung artikulieren können („Du alte, blöde Wichser, ich hau´ dich was in die Maul!") und die Lehrer sind froh, dass sich die Pädagogik in den letzten 60 Jahren ganz tüchtig weiterentwickelt hat („So, ich gebe jetzt für die nächsten 2 Stunden eine Gruppenarbeit auf. Seid bitte leise, ich muss derweil nochmal ins Lehrerzimmer, weil ich da noch was zu klären habe!"). Und insgeheim trauern alle Beteiligten der alten Zeit hinterher, da sie ja doch irgendwie so ein Stück weit nicht nur Schlechtes hatte, das traut sich allerdings niemand öffentlich zuzugeben.

Schule Anno 1951 – die gute alte Zeit! Ein Teil des Kollegiums der Erna Zychwslynski Grundschule sorgt für Ordnung auf dem Pausenhof. In der Tür ist übrigens der junge StR Johann-Heinrich Pestalozzi zu erkennen!

Wenn in der heutigen Zeit jemand öffentlich zugibt, dass er Lehrer ist, dann ist das ungefähr genauso als würde er sagen: „Donnerstags habe ich leider nie Zeit, weil ich da immer meine Frau und meine Kinder verprügeln muss!" oder „Wie gefallen euch eigentlich meine neuen Teller aus Wegwerftropenholz?" Was bleibt, ist das betretene Schweigen, wenn sich ein armes Schwein in größerer Runde als Berufspädagoge geoutet hat. Jedoch ist es diesmal kein demutsvolles Schweigen, denn alle Beteiligten denken für sich: „Na, prima! Da haben wir also jemand, der von meinen Steuergeldern in Saus und Braus lebt, inklusive einiger „Unpässlichkeitstage" mindestens ein Dreivierteljahr p.a. Urlaub genießen kann, eine 9,5 Stunden Arbeitswoche hat und zudem in jeder Arztpraxis bevorzugte Behandlung erfährt, weil er privatversichert ist!" Und wenn ein Lehrer es dann wagt zu entgegnen: „Ihr habt doch gar keine Ahnung, wie viel Stress dieser Beruf bedeuten kann!", dann

19

erdreistet er sich, den Volkszorn auf sich zu ziehen und leitet damit indirekt zu einer moralisch legitimierten Lynchjustiz an.

Wenn ein Lehrer es heute wagt, zu einem Schüler zu sagen, dass seine Leistungen irgendwie nicht so ganz propper sind, dann riskiert er die direkte Konfrontation mit dem Anwalt der Eltern des betreffenden Schülers. Die Konsequenzen für den betreffenden Lehrer werden sich dann aber in schmerzfreie Grenzen halten, denn im schlimmsten Fall wird dieser Lehrer dann bei gleichen Bezügen irgendwo in den Innendienst versetzt.

Es ist also egal, was du als Lehrer über deinen Beruf sagst, es wird dir sowieso niemand glauben. Im Zweifelsfall wird die Schuld auf die Schule geschoben und im Ergebnis bleibt, dass der Berufspädagoge immer der Depp ist. Diese missliche Situation, die auch mit der Historie dieser Berufsgruppe zu begründen ist, haben sich die Lehrer nunmehr auf die Fahne geschrieben. Das Jammern, Heulen und Wehklagen wird zum Programm, Lehrer heiraten untereinander, geben sich Doppelnamen und sorgen so dafür, dass ihre Spezies niemals aussterben wird. Eine entspannte Zukunft sieht irgendwie anders aus!

Wie man Lehrer wird

Bevor wir nun richtig Gas geben, muss vorab noch geklärt werden, wie man eigentlich Lehrer wird. Wenn wir uns mal die eine oder andere Gurke vor das geistige Auge holen, die uns während unserer Schulzeit unterrichtet hat, dann kann es eigentlich nur einen Rückschluss geben. Nämlich dass der Lehrerberuf anscheinend der einzig Berufszweig in diesem Lande ist, für den man keinerlei Ausbildung bzw. Qualifikation braucht und für den man jede Menge Schotter bekommt. Das mag dem ersten Anschein nach auch richtig sein, jedoch liegt die Faktenlage ein klein wenig anders. Deshalb an dieser Stelle ein kurzer Abriss über die Ausbildung zum Berufspädagogen.

Die Ausbildung zum Berufspädagogen vollzieht sich in zwei Phasen. Die erste Phase bildet das Studium. Wer beispielsweise während seines späteren Beamtenlebens ein paar Krachlatten in der Berufsschule unterrichten will, der muss sich zunächst durch einen Schlauch quälen, der sich *Studium der Wirtschaftspädagogik* nennt. Je nach Qualifikation und Motivation hält man denn nach 9-31 Semestern sein erstes Staatsexamen in der Hand. Eben dieses kann man sich aber auch getrost verkehrt herum an die Glatze nageln, da dieser Teil der Lehramtsausbildung so viel mit Berufspraxis zu schaffen hat wie Dolly Buster mit der der Neuinterpretation von Schillers „Die Räuber". Nach der harten Studienzeit erfolgt dann das Referendariat, das im Regelfall 1,5 Jahre dauert, es kann sich auch nochmal um ein halbes Jahr verlängern, wenn man durch die Prüfung rasseln sollte. Das Referendariat ist die praktische Vorbereitung auf den harten Lehreralltag. Da nun gefühlte 80% dieses Buches von eben diesem Referendariat handeln, möchte ich es an dieser Stelle auch damit belassen.

Grob überschlagen kann die Ausbildung zum Berufspädagogen schon mal ganz gemütlich 6-7 Jahre deines Lebens kosten. Bei der Sendung mit der Maus würde man jetzt wahrscheinlich sagen: „Das klingt mächtig wichtig – ist es aber nicht!" Unbedarfte Leser, die bis dato nichts von dieser enorm langen Ausbildungszeit wussten, werden jetzt wahrscheinlich auf ihre eigene Schulzeit zurückblicken und ernüchtert feststellen, dass eine lange Ausbildungsdauer nicht unbedingt mit hoher Qualität gleichgesetzt werden muss. Oder vielleicht noch etwas provokanter formuliert, was manche Ausbildungsgänge in 2,5 Jahren schaffen, das kriegen andere selbst in mehr als der doppelten Zeit nicht ordentlich hin.

Ein arbeitsreicher Tag neigt sich dem Ende entgegen. Die junge Lehramtsstudentin Maria Montessori beendet anstrengende Klausurvorbereitungen mit einem wohlverdienten Feierabendbier (Privataufnahme).

Bringen wir die Fakten kurz und knapp auf den Punkt. Die Tatsache, dass nur Leute mit einem universitären Diplom Lehrer werden dürfen, macht vordergründig deutlich, dass nur ganz doll schlaue Leute Berufspädagogen werden dürfen. Wenn man dies ein wenig volks- und betriebswirtschaftlich formuliert, dann lässt sich dies wie folgt auf den Punkt bringen: Nur diejenigen, die bereit sind, monetäre Nutzeneinbußen hinzunehmen, um über einen Zeitraum x durch eine universitäre Ausbildung in ihr individuelles Personalvermögen zu investieren, erlangen die notwendige Voraussetzung, um an öffentlich-rechtlichen Schulen unterrichten zu dürfen.

Dies lässt sich selbstverständlich auch ein wenig populärer darstellen: Nur diejenigen, die keinen Hau von Berufspraxis haben, weil sie sich 14 Semester lang das Stammhirn mit Alkohol weggepustet haben, sind befugt, unseren Kindern das pralle Menschenleben beizubringen.

Ausnahmen bestätigen jedoch bekanntlich die Regel. So gibt es ja leider Gottes immer mal wieder Zeiten, in denen akuter Lehrermangel lauthals beklagt wird (die Politik moniert dies manchmal, Eltern monieren dies oft und Lehrer monieren dies eigentlich immer). Dieser Umstand hängt u.a. damit zusammen, wenn Lehramtsstudenten der Meinung sind, dass sie ihr Studium um 2-3 Saufsemester verlängern müssten, dann kommt es zu dem oben beschriebenen Umstand. Doch hier ist guter Rat nicht teuer, denn in Zeiten akuten Lehrermangels kann es auch durchaus sein, dass bspw. ein Meister aus dem gewerblich-technischen Bereich auf kleineren Umwegen dazu kommt, an öffentlich-rechtlichen Schulen unterrichten zu dürfen. Dies ist natürlich die absolute Ausnahme! Wäre es die Regel, dass auch nicht universitär bzw. pädagogisch geschulte Menschen an Schulen ganz prima unterrichten können, dann würde bestimmt ganz bald irgendjemand auf die Idee kommen, dass die schöne Lehramtsausbildung an der Universität im Prinzip ganz schön für die Tonne ist, denn es geht ja auch offensichtlich ohne sie. Oder ein wenig anders formuliert: Wenn es die Regel wäre, dass Leute, die keine 25 Semester Pädagogik an irgendeiner Universität über sich ergehen lassen mussten, an unseren Schulen unterrichten dürfen, dann könnte auch im Umkehrschluss so manch ein Mittelständler auf die Idee kommen, seinen Betrieb wie folgt umzufirmieren: „Autoteile Schyczblinsny e.K. und arbeitspädagogische Fakultät". Prost Mahlzeit!

Spätestens jetzt wird sich jeder Leser fragen, wo denn nun die universitäre Ausbildung zum Berufspädagogen zur Hölle ihre Daseinsberechtigung findet. Wenn ich leidvoll auf die 10 Semester meines wirtschaftspädagogischen Studium zurückblicke (Ja! 10 Semester! Alkohol und Lernen sind halt durchaus kompatibel), dann muss ich feststellen, dass ich für die pädagogische Berufspraxis nur das klassische Konditionieren mitgenommen habe, d.h. „Du böse – Du raus vor die Tür" bzw. „Du böse – Du blauer Brief an Eltern und du Müll aufsammeln in Pause, in Raucherecke". Und schonwieder fühlt man sich an die Sendung mit der Maus zurückerinnert: „Das klingt irgendwie ganz schön mager – ist es auch!"

Das größte Problem während des pädagogischen Studiums ist, dass man sich als angehender Pädagoge mit pädagogischen Texten auseinandersetzen muss, die von naseweißen Pädagogen verfasst worden sind. Hier lässt sich unschwer erkennen, dass ein Satz, in dem dreimal irgendetwas mit *Pädagoge* vorkommt, nichts Gutes erahnen lässt! Und ganz genau so ist es auch! In diesen kurzen Ausführungen wird ganz fix folgendes klar, wer während seines pädagogischen Studiums auch nur einen Hauch verstehen will, der muss zwangsweise zu den Leuten gehören, die ihr Abitur mit 1,1 abgeschlossen haben, keine Freundschaften pflegten, immer leicht nach Urin muffelten und die heimlich unterm Bett Nacktfotos von Nana Mouskouri versteckten und diese immer hervorholten, wenn die Eltern außer Haus waren, um...na, das kann sich jetzt aber jeder selbst denken! Und da ich bis heute keinerlei Nacktfotos von Nana Mouskouri besitze, kann sich wohl ein jeder vorstellen, dass das wirtschaftspädagogische Studium für mich eine verdammt unangenehme Kiste wurde. Schnell drängte sich bei mir deshalb die Frage auf, weshalb erfahrene Berufspädagogen für angehende Berufspädagogen Lehrbücher verfassen (was ja per se nicht schlimm ist), die definitiv kein Mensch versteht (was per se wiederum ziemlich schlimm ist). Aus lauter Frust darüber, dass ich mich nicht in der Lage sah, auf der Metaebene dieser Autoren zu schweben, bastelte ich mir eine theoretische Begründung dafür zurecht. An unseren Universitäten dozieren ehemalige Berufspädagogen, die niemand mehr an der Schule haben wollte. Sie mussten im Lehrerzimmer an einem Einzeltisch Platz nehmen und die Schüler haben sie während des Unterrichts mit kleinen Papierspuckekugeln aus Strohhälmchen beschossen. Aus diesem Grund waren diese Pädagogen so brummelig, dass sie einfach zu irgendeiner Universität gegangen sind und sich gedacht haben: „Diesen Rotzlöffeln zeige ich jetzt mal wo der didaktische Hammer hängt!" Und so penetrieren sie noch heute irgendwelche pädagogischen Lehrstühle und verbringen ihre Lehrzeit zum großen Teil damit, Sätze in wichtigen Büchern so zu formulieren, dass sie niemand versteht. Mag sein, dass das vielleicht ein wenig emotional gedacht ist, ich finde diese Theorie jedoch absolut plausibel und schlüssig.

Diese Theorie wurde durch folgende, wahre (!) Begebenheit während meines Schulpraktikums im Rahmen meiner universitären Ausbildung untermauert. Dort traf ich meine ehemalige Klassenlehrerin wieder. Sie berichtete mir von einem Besuch des wirtschaftspädagogischen Lehrstuhls an der hiesigen Handelslehranstalt. Die honorigen Herren stellten dort seinerzeit irgendwelche Lehr-/Lernarrangements vor (ich weiß bis heute nicht genau, was das eigentlich ist), um diese in den Schulalltag der Handelslehranstalt zu implementieren. In diesem Zusammenhang raunte mich meine ehemalige Klassenlehrerin an: „Wenn Sie wieder an Ihre Universität gehen, dann richten Sie ihren Herren Professoren einen schönen Gruß von mir aus. Ich betrachte mich als halbwegs intelligenten Menschen, aber was die da gesagt haben…ich hab′ es nicht verstanden!" Wenn ich Zeit und ein wenig Zement habe, dann werde ich meiner ehemaligen Klassenlehrerin ein Denkmal bauen! Mit genau dieser Erkenntnis reiste ich somit wieder in Richtung meines Studienortes und freute mich auf weiteres Literaturstudium und auf die

Tatsache, dass manche Leute den Umstand „Du böse – Du raus vor die Tür" derart auswalzen können, dass sie damit problemlos 450 Seiten füllen können! Und dies für unschlagbare 98 EURO!

Prof. Dr. Eugen Schmugalla bei der Präsentation seines neuen Lernautomaten CVF-6z/i1. Die interessierte Zuhörerschaft lauscht andächtig den Ergebnissen aus 15 Jahren intensiver Forschung. Links im Hintergrund steht die junge Maria Montessori, die immer noch voll wie zehn Strandhaubitzen ist.

Was bleibt ist die Frage, was mir das wirtschaftspädagogische Studium persönlich gebracht hat. Diese Frage ist relativ schnell beantwortet. Jede Menge Prüfungsstress, eine ziemlich ausreichende Mathe-Klausur, viele neue Freunde, die Erkenntnis, dass Durcheinandertrinken und langes Ausschlafen untrennbar zusammen gehören, eine geile Wohngemeinschaft und 4 gescheiterte Beziehungen, wovon eine ganz schön heftig gewesen ist (Hase, der sterbende Schwan vor meiner Wohnungstür war schon eine ziemlich tüchtige Hausnummer!). Darüber hinaus habe ich mitgenommen, dass im Falle von „Du laut" unweigerlich „Du raus vor die Tür" folgen muss. Tja, und da sage noch einer, ich hätte in 10 Semestern nichts gelernt!

Wenn man nun unbedingt Lehrer werden will und die Leber nach dem Studium noch einigermaßen funktionstüchtig ist, dann muss man noch mindestens 1,5 Jahre Referendariat über sich ergehen lassen. Im Studienseminar besucht jeder Referendar 3 Seminare, d.h. ein pädagogisches Seminar und 2 Fachseminare. Letztere sind die Fächer, die man im Studium vertieft hat und die man später in der Schule unterrichten wird, z.B. Wirtschaftslehre und Deutsch. In der Privatwirtschaft hätte man bestimmt schon lange die 3 Seminare auf 2 zusammengekloppt und somit jede Menge Kohle bzw. Personal gespart, soweit ist man allerdings im öffentlichen Dienst jedoch noch lange nicht. Während des Referendariats müssen 9 sogenannte kleine Unterrichtsbesuche und 3 große Unterrichtsbesuche absolviert werden und weil das alles so lustig ist, darf dann auch noch eine Seminararbeit geschrieben werden. Was die so genau zu beweisen hat, das konnte mir leider niemand beantworten. Egal, das Referendariat endet mit 2 Prüfungsunterrichten zzgl. einer mündlichen Prüfung, die ihren Namen aber nicht verdient. Zu den ganzen Prüfungen und den tollen Tipps, die man dazu von verdienten Kollegen bekommt, werde ich mich an anderer Stelle ausführlich auslassen!

Bereits jetzt kann ich feststellen, dass das Referendariat genauso viel Spaß macht wie Pornovideos im Irak verkaufen oder in der Türkei mit 7,8 Kilogramm Kokain erwischt zu werden. Du hast also während deiner Lehrerlaufbahn mindestens 1,5 Jahre richtigen Stress, von dem du dich dann aber bis zur Frühpensionierung erholen kannst. Hätte ich das alles bloß vorher gewusst!

Wie alles begann

Nun wird es aber mächtig Zeit, mal richtig ins Konkrete zugehen. Es gilt hier die Frage zu beantworten, wie denn nun alles bei mir begann, d.h. ordentlich ausformuliert: Warum wollte ich denn nun unbedingt Lehrer werden? Aus diesem Grund möchte ich in den nachfolgenden Kapiteln auch die schrecklich unpersönliche Erzählform sukzessive ad acta legen und mich mehr und mehr der ersten Person Singular widmen. Und wenn ich im Folgenden immer mehr von mir bzw. vom Ich rede, dann habe ich meines Erachtens auch schon eine echte konstitutive Voraussetzung für einen Lehrer erfüllt...an diesem Satz könnt Ihr Euch meinetwegen dumm und dusselig interpretieren – mehr schlaue Sätze werden allerdings nicht folgen, versprochen!

Um es kurz zu machen, es war Zeit für Veränderungen – so stand es jedenfalls auf meiner ganz persönlichen Agenda. Mit meinen 37 Jahren fühlte ich mich weder zu alt noch zu jung, um neue Herausforderungen anzunehmen. Dies nennt man wohl ein echtes Dilemma. Da ich allerdings keinerlei Lust hatte, mir wegen dieses Dilemmas Moos auf dem Kopf wachsen zu lassen, beschloss ich, das eine Kapitel meiner beruflichen Karriere sauber abzuschließen und wagemutig das Nächste zu öffnen. Bereits in meiner frühkindlichen Sozialisation ist mir bewusst geworden, dass sich mein Leben vor allem durch Vielfalt auszeichnen sollte. Obwohl mir durchaus klar war und immer noch ist, dass ich mich mit diesem Credo sogar als amerikanischer Präsident bewerben könnte, blieb ich dennoch bodenständig und beschloss, dem bundesdeutschen Berufsbeamtentum mit meiner bescheidenen Arbeitskraft den Rücken zu stärken. Doch immer hübsch der Reihe nach! Was war geschehen, weshalb sollte sich diese kopernikanische Wende erst im zarten Alter von 37 vollziehen?

Ganz einfach! Nach einem erfolgreich absolvierten Studium der Wirtschaftspädagogik an einer Universität, deren Namen ich nicht verraten möchte, um sie nicht in Misskredit zu bringen, fühlte ich mich noch nicht genug gefordert und suchte neue

28

intellektuelle Herausforderungen. Aus diesem Grund bewarb ich mich am Lehrstuhl für Personalwirtschaft an einer Universität in Westfalen, um eben dort als wissenschaftlicher Mitarbeiter tätig zu werden und parallel dazu meine Doktorarbeit zu verfassen. Nach Verleihung der Doktorwürde habe ich mich bei einer großen, namhaften Bank beworben. Aus einem riesigen Pool von Bewerbern wählte man mich schließlich aus. In dieser Bank leitete ich für ca. 4 Jahre die betrieblich Erstausbildung und habe dort in einer Pionierarbeit die Nachhaltigkeitssicherung installiert. Man hat sogar danach in Erwägung gezogen, eine Schalterhalle nach meinem Namen zu benennen. Hier wurde mir nach getaner Pionierarbeit sehr schnell klar, dass ich neue Herausforderungen brauchen würde, um nicht intellektuell zu verarmen. Trotz intensiver Bittgebete des Vorstandes und meiner informell vorgesetzten Kollegin, doch in der Bank zu bleiben, habe ich meine Kündigung eingereicht und mich dazu entschlossen, mein 2. Staatsexamen, d.h. das Referendariat, zu absolvieren. Dies tat ich auch aus einem persönlichen Ehrgeiz heraus, da mir das 1. Staatsexamen, sprich der Universitätsabschluss, irgendwie unvollständig erschien...

STOP!

Vielleicht an dieser Stelle ein kleiner Hinweis: Nein, meine Grenzdebilität nimmt noch keine besorgniserregenden Ausmaße an und ich bin durchaus in der Lage, meinen Lebenslauf halbwegs fehlerfrei zu reproduzieren. Was dort oben zu lesen gewesen ist, war die Variante „für das Vorstellungsgespräch". In Wahrheit stellte sich meine Motivlage, Referendar zu werden, ein klein wenig anders dar.

„...nach einem erfolgreich absolvierten Studium..." was für ein Gesülze! Natürlich habe ich mein Studium erfolgreich abgeschlossen, sonst hätte ich ja gar nicht mit dem Referendariat beginnen können und müsste dieses komische Buch nicht schreiben. By the way, *erfolgreich* ist ein ziemlich dehnbarer Begriff, ich möchte hier aber nicht zu sehr ins Detail gehen! „...und suchte neue intellektuelle Herausforderungen. Aus diesem Grund bewarb ich mich am Lehrstuhl für Personalwirtschaft an einer Universität in..." Ja, ja, so kann man es auch nennen. Ich habe da mal rein zufällig angerufen und die haben mich genommen, weil kein anderer da war. Und die Doktorarbeit ist sowieso so ein Thema für sich. Vom Prädikat her bin ich Dr. rer. pol., dies trifft den Nagel aber leider nicht ganz auf den Kopf, denn eingedenk meiner Prüfungsleistung müsste ich eigentlich das Prädikat Dr. A. ü. L. tragen (Dr. Arsch über Latte). Ich bin mir ziemlich sicher, dass mein österreichischer Doktorvater sich nach meinem erfolgreichen Weggang eine Voodoo Puppe mit meinem Gesicht gebastelt hat. Naja, und dann hätten wir da noch die Sache mit der Bank...diese war nicht groß und auch nicht namhaft, sondern solider Mittelstand, außerdem hatte ich mal in dieser Bank gelernt und somit irgendwie einen Fuß in der Tür. Des Weiteren war ich seinerzeit nicht ein Bewerber von ganz vielen, sondern der einzige, weil es die Stelle des Ausbildungsleiters bis dato dort gar nicht gab und auch nicht ausgeschrieben war. Und wo ich schon mal dabei bin, die Karten auf den Tisch zu legen: „Die erfolgreiche Implementierung der Nachhaltigkeitssicherung" heißt nichts anderes, als dass ich den innerbetrieblichen Beurteilungsbogen für Auszubildende ein wenig optisch aufgepeppt habe. Schließlich hat die Bank fusioniert und die Stelle des Ausbildungsleiters war nach der Fusion doppelt und dreifach besetzt, so dass niemand so richtig wirklich traurig gewesen ist, als ich meine sieben Sachen zusammengepackt habe. Und wenn ich meine sieben Sachen nicht gepackt hätte, dann hätte sie die Bank spätestens in drei Jahren für mich gepackt. Überflüssig zu erwähnen, dass mich niemand vom Vorstand darum gebeten hat, doch noch in der Bank zu bleiben, ich gehe jede Wette ein, dass die wahrscheinlich bis heute nicht gemerkt haben, dass ich gar nicht mehr da bin. Und meine informelle Vorgesetzte hat sich bestimmt das erste Mal so richtig anständig in ihrem Leben vor Freude besoffen, als ich meine Kündigung eingereicht hatte.

Somit stellt sich meine Motivlage, weshalb ich mich denn nun entschieden habe, das Referendariat zu absolvieren, vollkommen anders da: Ich hatte es bis dato irgendwie nicht so richtig wirklich auf die Reihe bekommen, was im Leben zu reißen. Aus diesem Grund wählte ich für meine berufliche Zukunft den Superlativ von *Wer nichts wird Wirt* und beschloss deshalb, Lehrer zu werden.

Die neuen Referendare des Jahrgangs 2008 im Studienseminar auf einem gemeinsamen Gruppenfoto, v.l.n.r.: Stud.-Ref. Kevin Klafki, Stud.-Ref. Steven Steiner, Stud.-Ref. Mandy Pestalozzi, Stud.-Ref. Perry Rousseau, Stud.-Ref. Sharleen Gudjons, Stud.-Ref. Cindy Comenius und Otto Schöttballik, der einfach mal mit auf das Bild wollte.

Die ehrlich Variante meines Lebenslaufs, die ich eigentlich nicht weiter erzählen wollte, bereitet mir heute keine Probleme. Im Gegenteil, heute stehe ich sogar ohne rot zu werden dazu! Als ich mich im Studienseminar umschaute und meine neuen Kollegen in Augenschein nahm, stellte ich fest, dass ich bei weitem nicht alleine auf weiter Flur stand bzw. dass ich nicht die einzige Krücke vor Ort war. Neben frischen Universitätsabsolventen traf ich hier auch jede Menge Leute, die eine ähnlich gestörte Vitae wie ich hatten. Wenn man sich diesen Umstand einmal näher vor Augen führt, dann wird das Bild auch so ganz allmählich rund und die Frage, wer denn eigentlich Lehrer wird, beantwortet sich quasi von selbst. Ganz einfach: Theoretiker und Krachlatten wie ich es eine bin.

Lassen wir kurz die Theoretiker Theoretiker sein und konzentrieren uns auf die Krachlatten. Eine Krachlatte, nämlich ich selbst, habe ich ja bereits relativ ausführlich vorgestellt. Neben mir gab es im Studienseminar noch Stefan, der bei irgendeinem Pleitekonzern aus der Schweiz gearbeitet hatte. Er hatte den Ranzen gestrichen voll von privatwirtschaftlichen Unternehmen, die entweder irgendwann mal übernommen werden oder in die Insolvenz gehen, so dass er sich entschied, fürderhin in einem Betrieb zu arbeiten, der neben der lebenslangen Jobgarantie leider keinerlei Vorzüge aufzuweisen hat, dem Staatsbetrieb. Darüber hinaus gehörten zum trauten Kollegenkreis noch ein paar namentlich hier nicht genannte Restanten der Telekom, die wegen ihres Beamtenstatus, den sie noch wegen der Gnade früherer Verträge inne hatten, irgendwo im öffentlich-rechtlichen Nirwana schwebten. Die haben sich gedacht: „Gottelchen, dann werden wir eben mal so Lehrer und wenn das nicht klappen sollte, dann müssen wir uns auch nicht die Sorgenfalten mit Botox wegspritzen lassen, denn unsere Pension ist uns ja sicher!" Kurz und gut, die Leute, die von der von Adam Smith beschriebenen *unsichtbaren Hand des Marktes* in der Privatwirtschaft tierisch hinten eins drauf bekommen haben, tummelten sich nunmehr mit mir im Studienseminar und fielen deshalb der Arbeitslosenstatistik nicht zum Opfer.

Aufgrund dieses Umstandes fühlte ich mich mit meinem Lebenslauf nicht schlechter, jedoch auch um kein Jota besser! Um dies zu verdeutlichen, ein kleiner, bildhafter Vergleich. Wenn man sich in die Hose gepullert hat, dann fällt das auf und das ist darüber hinaus noch ziemlich peinlich. Wenn man sich allerdings nur unter Leuten befindet, die sich allesamt eingenässt haben, dann fällt das nicht unbedingt sofort ins Auge. Was bleibt ist jedoch die Tatsache, dass du eine ziemlich nasse Hose hast. Egal, wie auffällig das nun ist oder auch nicht. Ich denke,

dass ich mit diesem Bild mein Gefühl recht trefflich wiedergegeben habe.

Als kurzes Zwischenfazit bleibt festzuhalten, dass ich es im
Studienseminar mit einer zweigeteilten Rasselbande zu tun
hatte. Die eine Hälfte war in der Lage, theoretisch zu erklären,
wie Wirtschaft funktionieren könnte und die andere Hälfte
konnte praktisch erzählen, wie man es in der freien Wirtschaft
auf gar keinen Fall machen durfte. Und wenn sich diese beiden
Hälften zu einem großen Ganzen bündeln, dann dürfte der Un-
tergang des Abendlandes besiegelte Sache sein!

Das wirtschaftspädagogische Studium

Wie bereits schon bereits das ein oder andere mal erwähnt, muss man vor dem Referendariat brav die Schulbank drücken, um sich dann so richtig geißeln lassen zu dürfen. Im Studium wird also das nicht verstanden, was man später im Referendariat nicht auf die Reihe bekommt oder anders formuliert: Man bekommt schon relativ früh mit, dass Pädagogik eine riesige, wabernde Masse ist, zu der jeder eine andere Meinung hat. Wenn man nun, das sei hier nur der Vollständigkeit halber erwähnt, später mal Lehrer werden will, dann darf man bspw. nicht angewandtes Backsteinwesen studieren, sondern muss schon zusehen, dass da im Studium irgendetwas mit einem pädagogischen Zusatz dabei ist. Ich hatte mich seinerzeit dazu entschlossen, Wirtschaftspädagogik zu studieren, weil ich der Meinung war, dass sich das nicht ganz schlimm anhört wie: „Ich habe Pädagogik studiert!"

Für die gesamte Lehramtsausbildung, also Studium zuzüglich Referendariat, heißt das, dass du nach frühestens 5,5 Jahren ganz offiziell sagen darfst: „Wenn nicht gleich Ruhe ist, dann gibt es aber einen Eintrag ins Klassenbuch!" Gelernt ist eben gelernt. Ich persönlich habe 6,5 Jahre gebraucht, bis ich endlich ganz offiziell und mit öffentlich-rechtlichem Segen jemand ins Klassenbuch eintragen durfte. Wie gesagt, gelernt ist eben gelernt!

Das Problem ist, dass das Studium viel zu hoch stilisiert wird. Du betrittst zum allen ersten Mal den Hörsaal einer Universität, willst eine wirtschaftspädagogische Vorlesung besuchen und fällst ehrfurchtsvoll auf deine Knie, weil du alle Professoren als Götter in den Olymp hebst. Während des Studiums ändert sich dieses Bild ein ganz klein wenig, denn du stellst fest, dass auch Gottheiten durch eine ganz normale Lokusbrille pinkeln. Nach dem Studium ändert sich das Bild wiederum ein klein wenig, du weißt jetzt endlich weshalb wirtschaftspädagogische Hochschullehrer ausgerechnet wirtschaftspädagogische Hochschullehrer geworden sind. Sie sind es geworden, weil sie

selbst vor einer Waldorfschulklasse nicht mal 5 Minuten über-
leben würden. Und aus diesem Grund entwickeln sie Theorien,
wie es klappen könnte, um dann all denen, die monieren, dass
ihre Theorien in der Praxis nicht funktionieren, sagen zu können; „Dann bist du eben zu doof!" Sie handeln somit frei nach
dem Motto, ich habe es zwar noch nie selbst gemacht, erzähle
aber allen anderen, wie es zu gehen hat! Das ist aber nicht weiter schlimm, denn mit dieser handlungsleitenden Maxime füllen
Wirtschaftslehrer ihr komplettes Berufsleben aus.

Wie bereits schon erwähnt habe ich außer „Du böse – Du
raus" nicht so sonderlich viel für die Praxis aus meinem Studium mitgenommen. Die ganze pädagogische Theorie ließ jedoch nur den einen unmissverständlichen Rückschluss zu. Die
Lehrer in meiner Schulzeit haben so ziemlich alles falsch gemacht, was man überhaupt falsch machen kann. Wenn man als
Referendar heute so unterrichten würde, wie es meine Lehrer
damals getan haben, dann würde dies unter Garantie mit Prügel-
strafe und sofortiger Suspendierung sanktioniert werden. Warum? Ganz einfach, weil man nach der althergebrachten Unter-
richtsdarbietung nämlich überhaupt kein Wissen vermitteln
kann und kein Schüler auch nur einen Deut versteht, so predigt
es uns jedenfalls die modernen Didaktik. Das bedeutet also in
letztendlicher Konsequenz, dass ich ein Blödmannsgehilfe war
und schlussendlich mit ca. 200 Blödmannsgehilfen studierte,
weil die ja auch in ihrer Schulzeit aus pädagogischer Sicht zu
intellektuellen Primaten degeneriert wurden. Hier stellte sich für
mich die durchaus berechtigte Frage, wie denn nun 200 didak-
tisch verdummbeutelte Pädagogikstudenten überhaupt ihr Exa-
men bestehen sollten. Aber auch auf diesen Einwand haben
habilitierte Pädagogen eine passende Antwort: „Naja", so werden sie ihre Begründung beginnen. „Naja, das geht schon vollkommen in Ordnung, damals war die Zeit halt noch nicht so
komplex und alles war auch viel überschaubarer und viel einfa-
cher zu durchdringen, so dass die alten Lehrmethoden für diese
Zeit vollkommen in Ordnung waren!"

Musikpädagoge Prof. Dr. Waldemar Milchbrötchen (im Vordergrund) führt eine Unterrichtseinheit zum Thema „Handlungsorientierter Zauber der Panflöte" durch.

Halten wir einmal kurz fest, ich bin also ein durch Frontalpädagogen versaubeutelter, intellektuell minderwertiger und absolut handlungsunfähiger Vollpfosten. Dies ist aber vollkommen in Ordnung, denn die Welt, in der ich damals lebte, war mit frontalpädagogisch versaubeutelten, intellektuell minderwertigen und absolut handlungsunfähigen Vollpfosten ziemlich zufrieden. Mit dieser Gewissheit fing ich also mein Studium der Wirtschaftspädagogik an und reihte mich rein aus Prinzip in die Schlange der hoffnungslosen Fälle ein. Und noch etwas können wir an dieser Stelle festhalten. Berufspädagogen (egal, ob sie Studenten oder Schüler mit ihren Weisheiten langweilen) sind niemals mundtot zu kriegen. Für jeden Einwand haben sie mindesten zwei Gegenargumente, von denen drei de facto falsch sind. Wer jetzt mal im Gedanken seine unliebsame, pädagogische Bekanntschaft durchgeht, der wird den letzten Satz sicherlich mit einem süffisanten Kopfnicken bestätigen.

Was übrigens alle Hochschulpädagogen gemein haben ist, dass man sie schlicht und ergreifend nicht versteht. Wer das nicht glauben mag, der gehe doch einfach in irgendeine wohl-sortierte Buchhandlung und schnappe sich ein Lehrbuch eines x-beliebigen Hochschulpädagogen, schlage dieses Buch auf und lese darin ein paar Seiten. Danach wird jeder Normalsterbliche verschämt zu Boden blicken und denken: „Gott, was bin ich doch für ein Dummbatz!" Wer nun (berechtigterweise) zu be-quem ist, sich in eine Buchhandlung aufzumachen, um sich dann mit dieser Sprachvergewaltigung zu konfrontieren, dem will ich hier mal so einen kleinen Auszug aus einem typischen, pädagogischen Machwerk präsentieren. Zum Schutz des Ver-fassers will ich jedoch auf Quellenangaben verzichten:

„...Idee der PLE verstehen; didaktische Theorien der PLE erläutern können; persönliches Wissensmanagement vom klas-sischen Wissensmanagement abgrenzen können; Idee des per-sönlichen Wissensmanagements nach Reinmann lerntheoretisch kritisch reflektieren können; aus den didaktischen Theorien und Ergebenissen (Eregebnissen...das steht da so! Also, falls je-mand in den weiteren Kapiteln einen Rechtschreibfehler von mir finden sollte, dann halte er bitte brav die Füße still!) der Lehr-Lern-Forschung sowie des Computer Supported Collabo-rative Learning / Work(CSCL/CSCL); Gestaltungsideen für PLE für eine konkrete Wissensdomäne entwickeln können; PLE prototypisch für eine Wissensdomäne implementieren können; verschiedene Werkzeuge für PLE kennen und bedienen können; Werkzeuge für PLE theoriegeleitet für eine Wissensdomäne auswählen können; virtuelle und reale Lernumgebungen mit PLE als Paper Prototype planen und anschließend gestalten können; Ideen zu hybriden Lernräumen der Zukunft entwickeln können."*

Ich möchte dieses kleine Zitat einfach unkommentiert wie-dergeben. Soll sich jeder seinen Teil denken! Und falls der ein oder andere Hochschulpädagoge jetzt doch ein kleines Schipp-chen ziehen sollte und seinen Griffel zückt, um dazu eine ge-waltige Stellungnahme zu verfassen, dem möchte ich entgeg-nen: Dies hier ist keine wissenschaftliche Arbeit und somit auch nicht angreifbar! Und wenn ich jetzt der Meinung bin, dass ich es geschafft hätte, alle Pädagogen endlich mal mundtot gemacht zu haben, dann würde ich einem gewaltigen Trugschluss unterliegen. Als kurzes Arbeitsergebnis bleibt nämlich festzuhalten, dass Pädagogen niemals, ich sage: NIEMALS, mundtot zu kriegen sind. Dazu auch ein kleines Beispiel aus meinem wirtschaftspädagogischen Studium, das in der einschlägigen Literatur nachzulesen ist. Auch hier werde ich keine Literaturquellen angeben, nicht, weil ich hier wieder irgendjemand schützen möchte, sondern weil ich im Augenblick zu bequem bin, diese rauszufummeln!

Man hat als pädagogischer Hochschullehrer eine brillante Idee und sagt, dass man fürderhin Schulklassen mit komplexen Lehr-/Lernarrangements (KLLA) beschulen sollte…was KLLA im Detail sind, habe ich mittlerweile vergessen, ist auch egal, es hört sich jedenfalls nach einer didaktischen Atombombe an. Mächtig, mächtig, mächtig gewaltig!

Nun ist man als fleißiger Hochschulpädagoge natürlich recht gewissenhaft und möchte freilich auch beweisen, dass diese KLLA mindestens 100.000 Mal besser sind als herkömmlicher Unterricht. Aus diesem Grund geht man wacker an eine Schule, sucht sich eine Klasse aus, die nach herkömmlicher (und ganz doll doofer) Art und Weise unterrichtet wird. Dann sucht man sich eine Vergleichsklasse, die mit Hilfe der (supidupitollen) KLLA unterrichtet wird. Dann lässt man in beiden Klassen dieselbe Arbeit schreiben und freut sich schon vorab händereibend auf das Ergebnis, das ja nichts anderes besagen wird, als dass die Klasse mit den KLLA potenzielle Nobelpreisträger hervorbringen wird, während die Schüler der anderen Klasse maximal mit Hängen und Würgen eine Ausbildung zum Schiffsschaukelbremser absolvieren können.

Doch leider, leider sieht die harte Wahrheit ein klein wenig anders aus. Die Ergebnisse aus den beiden Klassenarbeiten besagen nichts anderes, als dass die Schüler der Normaler-Unterricht-Klasse und die Schüler der KLLA-Klasse ganz genau gleich doof sind. Jeder tiefdenkende Wissenschaftler hätte nun die pädagogischen Fühler von sich gestreckt und würde sich zum Briefträger umschulen lassen, um der Volkswirtschaft wenigstens noch einen kleinen, nützlichen Dienst erwiesen zu haben. Nicht aber die Hochschulpädagogen! Die überlegen kurz und präsentieren dann die ganz einfache Lösung für dieses Problem („Unser Auftrag ist doch schließlich, aller Welt zu beweisen, wie toll und überlegen die KLLA doch sind!"). Die Lösung liegt klar auf der Hand, der KLLA-Lehrer hat nicht als didaktischer Experte gehandelt. Als Forschungsergebnis halten wir somit fest, der herkömmliche Unterricht ist (wie gehabt) doof und der KLLA-Unterricht ist (wie gehabt) nobelpreisverdächtig…naja, die Mühe hätte man sich ja auch sparen können, denn das Ergebnis war ja schon lange vorher bekannt!

Jetzt, wo ich diese Zielen niederschreibe, frage ich mich ganz ernsthaft, welcher Teufel mich geritten hat, dieses Kaspertheater in Form des zweites Staatsexamens (Referendariat) fortzuführen! Das muss irgendwie an meiner einfach strukturierten Kindheit liegen, der einfachen, linearen Welt und dem pädagogisch höchst verwerflichen Frontalunterricht! Und genau hier schließt sich irgendwie der Kreis!

Jetzt geht es fast richtig los

Wenn man irgendwo neu in den Beruf starten will, dann geht das im Regelfall nicht, indem man die Tür eines Betriebes aufreißt und fröhlich in die Runde brüllt: „Holladiewaldfee, hier bin ich! Wo steht das Klavier? Ich trag´ die Noten!" Natürlich muss man zunächst eine akkurate Bewerbung in den PC zimmern, diese via Mail verschicken oder wer es etwas antiquierter mag, der druckt die Bewerbung aus, kauft sich eine Bewerbungsmappe für 7,99 EURO und schickt diese dann ab. Wenn man kein Glück hat, dann passiert gar nichts, wenn man ein klein wenig Glück hat, dann bekommt man ein standardisiertes Absageschreiben und wenn man Riesenglück hat, dann bekommt man eine standardisierte Einladung zum Vorstellungsgespräch.

Im öffentlich-rechtlichen Bereich ist das Bewerbungsverfahren durchaus mit dem der Privatwirtschaft vergleichbar, nein, wenn man genau hinschaut, denn unterscheidet es sich an der ein oder anderen Stelle...naja...im Prinzip läuft das Bewerbungsverfahren im öffentlich-rechtlichen Bereich eigentlich komplett anders. Aus diesem Grund möchte ich hier an dieser Stelle einen kleinen Einblick in das öffentlich-rechtliche Bewerbungsverfahren geben.

Die Bewerbung als Lehrer erfolgt direkt beim zuständigen Kultusministerium, dieses leitet dann die Unterlagen mehr oder weniger flugs zur zuständigen Landesschulbehörde weiter, die dann alles Weitere veranlasst oder auch nicht. Weshalb hier nun genau zwei Instanzen bzw. zwei Behörden ihre Finger im Spiel haben, vermag ich auch nicht so genau zu sagen. Ich möchte mich jedoch im guten Glauben wägen und behaupten, dass beide ihre Daseinsberechtigung haben und dass hier sorgfältig mit Steuergeldern umgegangen wird, so dass auch weiterhin der eine oder andere wirtschaftliche k.o. von Betrieben aus der Privatwirtschaft mühelos von Vater Staat abgefedert werden kann. Zu den Aufgaben der Landesschulbehörden gehören u.a. Schulaufsicht und Schulorganisation. Da mag es nicht verwundern, dass diese deshalb auch irgendwie am Bewerbungsverfahren beteiligt sind. Überdies findet diese Instanz u.a. darin ihre Daseinsberechtigung, indem sie Lehrer, die keine Schule mehr haben will, in den Innendienst aufnimmt. Da diese Lehrer aufgrund dieser Wegbeförderung meistens eine ziemlich dicke Krawatte haben und da an dieser Misere sowieso nur alle anderen Schuld sind, pinkeln eben diese ehemaligen Lehrer im Innendienst nunmehr einen ziemlich breiten Strahl. Und somit haben wir auch in kurzen, knappen Worten erläutert, weshalb die Menschen in Behörden immer so muffelig sind!

Dies ist auch ein Grund, weshalb man in Behörden nur sehr ungern anrufen darf („Das ist aber im Augenblick ganz schlecht! Sie müssten doch wissen, dass Frau Schmidt-Unzlein immer nur am Dienstag von 12.00 Uhr – 12.15 Uhr telefonische Sprechstunde hat!"). Dies wirft natürlich alles, was man in der (öffentlich-rechtlichen!) Schule über Bewerbungen gelernt hat, komplett über den Haufen. Hier wurde mir bspw. eingebläut, unbedingt nach Abschicken der Bewerbungsunterlagen telefonische Rücksprache zu halten bzw. sich vorab telefonisch mit dem jeweiligen Betrieb in Verbindung zu setzen, um sich über eben diesen zu informieren. Wer jetzt naseweis einwirft, dass da ja immer noch die Option des persönlichen Kontakts bestehen würde, dem muss ich entgegen halten, dass er sich diese Idee mal ganz schnell vom Pinsel putzen muss. Persönlich bei einer Behörde oder in unserem speziellen Fall bei der Landesschulbehörde aufschlagen, ist genauso schlau, wie mutwillig ein Motorrad von den Hells-Angels umzuschubsen („Was machen SIE denn hier??? Das ist aber gar nicht üblich, wer hat Sie denn überhaupt herein gelassen?").

Diese Tatsachen nährten bei mir die Vermutungen, dass es sich bei der Landesschulbehörde in Wirklichkeit um eine riesige Tarnorganisation handelte, die vom BND gesteuert wird. Wahrscheinlich, so meine Mutmaßung, experimentiert die Landesschulbehörde in Wahrheit mit geklonten Bundeskanzlern oder bereitet in einer Geheimoperation einen atomaren Erstschlag gegen die Fidschi-Inseln vor. Wie gesagt, das sind alles nur Vermutungen, denn ich möchte in diesem Bändchen nun wirklich nicht polemisieren!

Jedenfalls wurde ich im Rahmen meiner Bewerbung an Schulen zum ersten Mal in meinem Leben mit öffentlich-rechtlichen Antragsformularen konfrontiert. Diese sind in meinen Augen selbst für Menschen mit einem IQ von mindestens 1.500 und einem Wortschatz, der mit der großen Brockhaus Enzyklopädie konkurrieren kann, nur sehr schwer zu bearbeiten. Wie Menschen mit Migrationshintergrund Behördenformulare ausfüllen sollen, ist mir bis heute ein komplettes Rätsel! Öffentlich-rechtliche Formulare zeichnen sich neben der Unverständlichkeit durch folgende Eigenarten aus:

- Für jedes öffentlich-rechtliches Formular gibt es mehrseitige Erläuterungsbögen („Zur Verprobung siehe auch Anhang II des Merkblatts IV"), diese Erläuterungen führen jedoch nicht zu mehr Klarheit, sondern zu ernsten Suizidgedanken des Antragsstellers.

- Freitexte müssen in öffentlich-rechtlichen Formularen in die dafür vorgesehen öffentlich-rechtliches Formularkästchen eingetragen werden. Leider sind diese Kästchen oftmals viel zu klein, so dass Antragssteller mit Phantasieabkürzungen arbeiten müssen („ geb. i. D.drf. i. Ju. 89").

- Um Bearbeitungszeit und -raum einzusparen, müssen in öffentlich-rechtlichen Formularen Schlüsselnummern eingetragen werden.

- Da kein Mensch den Schlüssel für bspw. *Fachrichtung* auswendig weiß, gibt es hierfür wiederum ein gesondertes Merkblatt, was wiederum Bearbeitungszeit und -raum auf gleiche Weise ausdehnt.

- Öffentlich-rechtliche Formulare können mittlerweile im Internet als *.pdf heruntergeladen werden (Respekt!), jedoch können diese Dateien nicht mit Hilfe des Rechners bearbeitet werden (kein Kommentar). Das ist ungefähr genauso sinnvoll wie ein Word-Dokument, dass man sich zur Sicherheit nochmal mit der Schreibmaschine abtippt.

Alles im grünen Bereich! Ministerialrat Astritt (mit Dienst-mütze) von der Landesschulbehörde überprüft persönlich un-ter Einsatz von Leib und Leben, ob die Mauern dem Ansturm der Lehramtsbewerber Stand halten.

Unbestreitbar bleibt, dass Behörden Formulare lieben. Ein ordentlicher Formularsatz ist für den Beamten dasselbe wie eine gepflegte Pornoheftesammlung für den braven Familienvater. Um hier nicht alles in Grund und Boden zu schreiben, sei gesagt, dass die Bewerbung als Lehramtsanwärter durchaus auch seine positive Seiten hat. So kann man sich solche Sachen wie ein Bewerbungsanschreiben („…meine Freunde bezeichnen mich als fröhlichen und teamorientierten Mitmenschen, der…") getrost sparen, weil das wirklich niemand in der Landesschul-behörde interessiert. Dumm ist jedoch nur, dass man die Zeit, die man für das leidige Anschreiben gespart hat, doppelt und dreifach für das Studium der bereits erwähnten Merkblätter investieren muss. Dies nennt man übrigens in der Ökonomie ein Null-Summen-Spiel, d.h. was der eine verliert, gewinnt der andere dazu. Das aber nur am Rande!

Was meine Wenigkeit anbelangt, so kann ich mich noch sehr gut daran erinnern, dass ich irgendwann keine Lust mehr hatte, mich durch den Berg von Antragsformularen und Merkblättern durchzukämpfen. Aus diesem Grund malte ich mir irgendwann im Gedanken aus, wie ich dem Verfasser dieser Merkblätter einen lebenden Aal in die Hose stecken würde. Und während er noch mit einem schwer zu deutenden Gesicht mit dem Aal in seiner Hose kämpft, würde ich nach bestem Wissen und Gewissen das Bewerbungsformular ohne Merkblatt ausfüllen.

Als Kämpfernatur gab ich selbstverständlich nicht auf, füllte die dämlichen, heruntergeladenen PDF-Formulare aus, steckte sie in einen Briefumschlag und warf sie in den nächstbesten Briefkasten ein. Als ich dann mit meinem Briefumschlag vor dem Briefkasten stand fühlte ich mich irgendwie wieder an die Sendung mit der Maus erinnert: „Heruntergeladenes Formular per Post verschicken? Das klingt dämlich – ist es auch!" Als der Brief dann in den Briefkasten segelte, beschlich mich ein verdammt ungutes Gefühl. Bestimmt hatte ich irgendwo ein Kreuz vergessen oder mich bei einer Schlüsselziffer verhauen. Irgendwie freundete ich mich schon mit dem Gedanken an, von der Landesschulbehörde ein Schreiben mit dem folgenden Inhalt zu bekommen:

Sehr geehrte Dame, sehr geehrter Herr,

bezugnehmend auf Ihr Antragsschreiben vom....als...teilen wir Ihnen mit, dass Sie es versäumt haben, Ihr Einverständnis zur Datenspeicherung zu geben. Des Weiteren haben Sie lediglich eins an Stelle der erforderlichen zwei Passfotos Ihrem Schreiben beigefügt.

Aus diesem Grund setzen wir Sie in Kenntnis, dass wir die o.g. Angelegenheit nicht bearbeiten werden...äh...können. Von telefonischen Rückfragen bitten wir Abstand zu nehmen.

Mit freundlichem Gruß

i.A. Brocken-Kotz

Es lässt sich bereits jetzt schon erahnen, dass sich meine Befürchtungen nicht erfüllen sollten. Dieser Rückschluss ist ja auch nicht allzu schwer, denn sonst würden hier keine weiteren Seiten mehr folgen. Mit meiner Einstellung wurde mir jedenfalls die Fähigkeit attestiert, öffentlich-rechtliche Formulare zufriedenstellend auszufüllen. Ab diesem Zeitpunkt war Deutschland um einen Beamten in Lauerstellung reicher! Schule, ich komme!

Mein erstes Mal…im Studienseminar

Mein erster Tag als Studienreferendar begann am 2. Mai, das macht auch Sinn, denn am 1. Mai war ja schließlich Feiertag. Es ist übrigens schon lustig, dass ausgerechnet am Tag der Arbeit nicht gearbeitet wird! Ich fühlte mich sofort an meinen ersten Schultag zurückversetzt. Allerdings hatte ich nun keine Schultüte bei mir und Mutti und Vati waren diesmal auch zu Hause geblieben. Das war aber nicht weiter schlimm, denn das hatten sie ja bei meinem ersten Schultag auch getan und an Stelle der Schultüte bekam ich lediglich eine Tracht Prügel. Die gute, alte Zeit! Ansonsten war alles wie damals, während meines ersten Schultags, d.h. erwartungsfrohe Augen, ängstliche Blicke, schüchternes Tuscheln und Klassenlehrer, die nicht Klassenlehrer, sondern Fachleiter hießen.

Neben mir fingen ca. 35 Referendare ihren ganz persönlichen Weg durch die öffentlich-rechtliche Hölle an. Obwohl es niemand laut aussprach, war allen Beteiligten vollkommen klar, dass sich diese Zahl irgendwie im Laufe der Zeit gesund schrumpfen würde. Das schien aber niemand so richtig wirklich zu beunruhigen, denn dieser Prozess war uns allen ja aus der Schul- und Studienzeit bestens bekannt. Wir wurden also nun endlich darauf vorbereitet, die Fronten zu wechseln. Wir waren nunmehr nicht die kleinen Schüler, die sich alles sagen lassen und immer folgsam sein mussten. Aber irgendwie waren wir doch noch immer die Kleinen… „Herr im Himmel!", dachte ich still in mich hinein. „Hört denn das niemals auf? 12 Jahre in der Schule der kleine Depp gewesen, im Studium der Depp gewesen, während der Promotion nur folgsam gewesen, um nach 4 Jahren Berufserfahrung wieder artig ganz von unten anzufangen!" Völlig nachvollziehbar hielt ich so gefühlte 5 Minuten vor dem Studienseminar inne und zerfloss ein wenig in Selbstmitleid, um dann die heiligen Hallen des Studienseminars zu betreten. Habe ich eben *heilige Hallen* geschrieben? So etwas nennt man wohl einen echten Euphemismus!

Im Eingangsbereich des Studienseminars wurde ich von einem Schaukasten begrüßt, in dem alle Fachleiter auf vergilbten Bildern nebst Namen zu sehen waren. Links unten am Schaukasten entdeckte ich eine Prägung mit der Aufschrift „königlich-preußische Schaukastenfabrication", das tut hier allerdings nur wenig zur Sache. Da mir ein wenig langweilig war, beschloss ich, alle weiblichen Fachleiter mit Doppelnamen zu zählen. Danach stellte ich für mich persönliche Ranglisten auf, z.B. weibliche Fachleiter mit dem längsten Doppelnamen, weibliche Fachleiter mit dem blödesten Doppelnamen etc. Da ich immer noch etwas Zeit hatte, waren nun die männlichen Fachleiter dran, diese unterteilte ich in zwei Kategorien, nämlich in Wollpollunderträger und Karo-Jacket-Anhaber. Mit diesen Studienergebnissen schritt ich nun ehrfurchtsvoll in Richtung Seminarraum. Dieser bestand aus Tischen, Stühlen, einer Tafel, einer Stellwand und einem Beamer, mit dessen Hilfe wahrscheinlich schon Wilhelm-Conrad Röntgen der interessierten Fachwelt die nach ihm benannten Strahlen präsentierte.

In erwartungsfroher Runde saß ich mit meinen Referendarskollegen in dem uns öffentlich-rechtlich zugewiesenen Raum und harrte der Dinge, die da kommen würden. Da hockte ich nun, inmitten der Landeshauptstadt, in einem Altbau in pädagogisch wertvoller Hufeisenform. Diese wird auch von einigen Fachvertretern gern jovial als U-Form bezeichnet. Noch keine 2 Minuten dagewesen und schon hatte ich für mich 2 grundlegende, pädagogische Fachbegriffe verinnerlicht, nämlich Hufeisen und U-Form! Mit einem guten Gefühl schaute ich in die Runde und fragte mich, ob es im Bereich Pädagogik überhaupt noch etwas gibt, was ich noch hätte lernen können.

Wie bereits erwähnt befand sich das Studienseminar in einem Altbau in einer unauffälligen Wohngegend. Wahrscheinlich wurde diese Gegend ganz bewusst ausgewählt, um hier Prototypen der geklonten Bundeskanzler auf Tauglichkeit zu testen. Dies kann ich leider mit keinem Beleg beweisen, es handelt sich dabei um pure Spekulation meinerseits! Insgesamt strahlte das Studienseminar ungefähr genauso viel Atmosphäre aus wie die Damentoilette des ehemaligen Palasts der Republik. Hohe Wände und Parkettböden können Gemütlichkeit und Wärme ausstrahlen, müssen es aber nicht. Fast überflüssig zu erwähnen, dass beim Studienseminar letztgenanntes zutraf. Das Interieur schloss sich diesem Eindruck nahtlos an. Hätte es im Jahre 1961 schon ebay gegeben, dann wäre ich mir felsenfest sicher gewesen, woher die Inneneinrichtung stammte. Um es auch für den letzten Leser ganz deutlich zu machen: Würden Diebe irgendwann mal auf die schlechte Idee kommen, ins Studienseminar einzubrechen, dann kann man sich sicher sein, dass sie mit leeren Händen und verheulten Augen wieder rauskommen würden. Kurz, es wurde mir recht eindringlich verdeutlicht, dass ich bei einem Arbeitgeber beschäftigt war, der an allen Ecken uns Enden sparen musste.

Ein kurzer Blick durch die Runde der anwesenden Referendare signalisierte mir, dass Männer und Frauen ungefähr gleichverteilt waren, was auch von beiden Seiten wortlos begrüßt worden ist. Es ist offensichtlich egal, ob gelernte, ungelernte oder studierte Leute in einen Raum steckt, irgendwann siegen bei jedem die primären Bedürfnisse und wir erinnern uns daran, weshalb wir denn eigentlich auf dieser Welt sind: Um fruchtbar zu sein und uns fortzupflanzen! So beunruhigte es mich auch gar nicht, dass ich mich irgendwann dabei erwischte, wie ich die weiblichen Referendare eingehend studierte. Als ich mich ca. ein halbes Jahr später zufällig mit einer Referendarskollegin über dieses Thematik unterhielt erfuhr ich, dass die Damenwelt seinerzeit ähnlich gehandelt hat. Wie gesagt, wir sind ja alles nur Menschen, die tief besorgt sind, die eigene Art zu erhalten.

Selbstverständlich erzählte ich damals meiner Kollegin nicht, dass ich mir in der beschriebenen Situation im Studienseminar vorstellte, wie ausgewählte, weibliche Referendare in Reizwäsche, Stöckelschuhen und Nilpferdpeitsche ihren ersten Unterricht durchführten. Diese Vorstellung erschien mir bei

48

einigen Kolleginnen sehr ansprechend und bei anderen wiederum sehr lustig. Diesen Gedanken noch nicht ordentlich zu Ende gedacht hielt ich plötzlich mental inne: Doppelnamen-Rangliste, Wollpollunderträger-Kategorisierung und Unterricht im String-Tanga. Hier fragte ich mich zum ersten Mal ganz ernsthaft, ob der Lehrerberuf wirklich das Richtige für mich war!

Nach 10 Jahren intensiver Renovierungsarbeiten ist es endlich vollbracht! Das Studienseminar der Landeshauptstadt erstrahlt in gewohnter Pracht und Herrlichkeit!

Schließlich wurde es endlich ernst. Herr OStD Knechtl, Leiter des Studienseminars, betrat erhabenen Schrittes unseren Seminarraum. Er versprühte die Autorität eines königlich-preußischen Amtsvorstehers. Herr Knechtl schien irgendwie das allerletzte Relikt eines treuen Staatsdieners zu sein. Allein durch seine Präsenz gab er unmissverständlich zu verstehen, dass er problemlos bis zum 85. Lebensjahr durchknüppeln würde, wenn ihm dies sein Dienstherr gebieten würde. Herr Knechtl verrichtete seine Arbeit nach der Prämisse „40 Grad Fieber fallen unter die Rubrik leichte Erkältung und entschuldigen weder einen verzögerten Dienstbeginn noch eine 0,5-tägige

Krankschreibung." So komisch es auch klingen mag, aber als ich Herrn Knechtl sah, fühlte ich mich schlagartig gut und hochmotiviert, denn er gab mir unmissverständlich zu verstehen, dass *Beamter* eine honorige Berufsbezeichnung ist und kein Schimpfwort. Tief in meinem Inneren fing ich an, mich zu schämen, weil ich so viel Dönekens mit den Doppelnamen und den Wollpulliträgern gemacht hatte. Ich beschloss, mich für diesen Fauxpas irgendwann persönlich bei Herrn Knechtl zu entschuldigen. Ich ließ es aber bis heute bei diesem Vorsatz, da dies sowieso keiner gemerkt hat und außerdem ist Herr Knechtl mittlerweile im wohlverdienten Ruhestand und schießt jetzt in diesem Augenblick wahrscheinlich ein Paar Pilze auf seiner Farm in Ruanda.

Herr Knechtl begrüßte uns Rasselbande mit sonorer Stimme und beglückwünschte uns auf das herzlichste zu der weisen Berufswahl, die wir alle getroffen hatten. Jedem anderen, der so etwas gesagt hätte, hätte ich Toilettensteine als Fruchtbonbons verkauft, jedoch nicht Herrn Knechtl! Danach stürzten wir uns in das volle Beamtendasein: Herr Knechtl verteilte gefühlte 35 Kilogramm Formulare, die wir alle ausfüllen mussten. Hier kann ich mich kurz fassen, da es diesbezüglich nicht viel Neues zu berichten gab. Wieder jede Menge Anlagen, die einem das korrekte Ausfüllen erleichtern sollten, wieder viel zu kleine Kästchen, in die ganz viel reingeschrieben werden musste und wieder die obligatorischen Fragen: „Muss ich dass jetzt ausfüllen oder macht das mein Dienstherr?"

Danach wurde der offizielle Akt eingeleitet, denn wir mussten alle zusammen unseren öffentlich-rechtlichen Diensteifer öffentlich-rechtlich beeidigen. Dieser feierliche Schwur hatte in der gewöhnungsbedürftigen Atmosphäre des Studienseminars schon etwas Skurriles. Es war ungefähr genauso feierlich, wie Brechdurchfall auf der eigenen Krönungszeremonie zu bekommen. Alles ist irgendwie ganz toll, jedoch zugleich auch irgendwie ziemlich beschissen. Im gewählten Beispiel kann dies sogar wortwörtlich genommen werden.

Während der Vereidigung stand Nobbi neben mir. Ich wusste dass Nobbi Sport und irgendein gewerblich-technisches Mangelfach unterrichtete. Somit hatte Nobbi schon jetzt einen festen Arbeitsplatz an einer Schule so gut wie sicher, obwohl er noch gar keinen Handschlag dafür getan hatte. Nobbi wusste durchaus um diese Gnade des späten Mangelfachs: „Leute, die Frage ist nicht, an welcher Schule ich mich bewerben werde! Wenn mich eine Schule will, dann soll sie sich mich gefälligst während meiner Sprechzeiten anrufen und artig Bitte-Bitte machen!" Nobbi war mir sofort sympathisch und insgeheim beneidete ich ihn, weil er offensichtlich in seinem Leben alles richtig gemacht hatte. Tja, da konnte ich leider mit meinen beiden Fächern, die unter die Kategorie Die-interessieren-nun-wirklich-absolut-keine-Sau fielen, nicht gegen anstinken.

Während der Vereidigung fiel mir jedoch auf, dass Nobbi seinen Schwur nicht ordnungsgemäß mit den Worten „...so wahr mir Gott helfe!", sondern mit den Worten „...bei meinen behaarten Eiern!" beendete. Nobbi war wirklich ein netter Zeitgenosse, ich nahm mir aber vor, ihn zu gegebener Zeit bei Knechtl zu verpetzen, falls er mir eine Stelle wegschnappen sollte.

Schon wieder Studienseminar

Es ist schon seltsam, du bist keine 24 Stunden mit Leuten zusammen und schon machst du das, was man als Mensch eigentlich gar nicht machen darf und schon gar nicht als pädagogisches Vorbild: Du denkst in Schubladen und sortierst diese Leute fleißig in eben diese ein. Wie gesagt, Schubladendenken ist doof und das ziemt sich als studierter Pädagoge eigentlich nicht, aber Hand auf das Herz, es macht doch tierisch Spaß.

Mir bringt das jedenfalls auch unheimlich Laune und genau aus diesem Grund sortierte ich fleißig während des zweiten Seminartags im Studienseminar meine neuen Kollegen in die besagten Schubladen ein. Ich war mir ziemlich sicher, wer das Ende des Referendariats nicht erleben würde. Ich erkannte bereits früh die Panikmacher, diejenigen, die sich gerne und ausgiebig auf Feierlichkeiten die Murmel mit tüchtig Promille wegsprengen, ich sah, wer auf der Pirsch war und das Referendariat mehr als Singlebörse ansah (auch Pädagogen sind schließlich bestrebt, die eigene Art zu erhalten – oder wie lassen sich die ganzen Doppelnamen erklären?), ich sah, wer von den neuen Kollegen die Karre mit einskommairgendwas nach Hause lenken würde und schließlich wer zu den Durchschnittsvollpfosten gehörte. Im Prinzip war alles ganz normal, ein Stück weit kam ich mir wirklich vor wie an meinem ersten Schultag.

Nun wurden wir endlich in Gruppen eingeteilt, d.h. insgesamt 3 Seminare:

- Ein Seminar, das dem ersten Unterrichtsfach entspricht.

- Ein Seminar...und nun wird es spannend....richtig..., das dem zweiten Unterrichtsfach entspricht.

- Ein Seminar...nein...zwei Unterrichtsfächer reichen nun wirklich vollkommen! Das dritte Seminar ist nämlich das pädagogische Seminar.

Was dies bedeutet, ist vollkommen klar. Du musst das Kunststück fertigbringen, es drei unterschiedlichen Pädagogen, die selbstverständlich drei unterschiedliche pädagogische Ansichten haben, recht zu machen. Und das ist genauso eine unlösbare Aufgabe, wie Verona Pooth deutsche Grammatik beizubringen. Darüber hinaus wurde uns das vorgestellt, was uns in den nächsten 1,5 Jahren erwarten würde. In komprimierter Form lässt sich dies wie folgt wiedergeben. 9 einfache Unterrichtsbesuche, 3 besondere Unterrichtsbesuche, 1 Studienarbeit, 2 Mal Prüfungsunterricht und 1 mündliche Prüfung, hier muss man jedoch fairerweise sagen, dass die mündliche Prüfung eigentlich ihren Namen nicht verdient...das hatte ich aber bereits schon gesagt, glaube ich. Dazu aber später mehr...auch das hatte ich ja schon gesagt, glaube ich.

Wenn man sich dies alles auf der Zunge zergehen lässt, dann muss man sagen, dass dies alles in 1,5 Jahren durchaus zu reißen ist. Leider ergab sich hier ein kleines Problem. Und genau dies stellte sich wie folgt dar: einmal Sommerferien, einmal Herbstferien, einmal Weihnachtsferien, einmal Osterferien und noch einmal Sommerferien, die beschlossen haben, sich in einem Zeitraum von 1,5 Jahren zu tummeln. Zusammenfassend musste ich mit der einen oder anderen Sorgenfalte feststellen, dass mich da verdammt viel Programm in verdammt wenig Zeit erwarten würde. Und weil es so schön war, stutzte ich ein zweites Mal. Irgendwie schien ich doch nicht ganz normal zu sein, da bin ich seit knapp zwei Tagen angehender Lehrer und verfluche schon jetzt die viel zu langen Ferien, die im offiziellen Fachjargon unterrichtsfreie Zeit heißen. Und wer an dieser Stelle keinen Bock hat, weiterzulesen, dem kann ich ja schon das (triviale) Ende verraten. Mit so einer Einstellung kann man nun wirklich kein Lehrer werden! Doch zurück zum eigentlichen Geschehen.

Während der Raucherpause hatten wir Referendare ausgiebig Möglichkeit, uns näher kennenzulernen. Hier musste ich zum ersten Mal Bekanntschaft mit Iris machen. Nachdem Iris die ersten zwanzig überflüssigen Silben verbal von sich gegeben hatte, sortierte ich sie sogleich in die Kategorie *heißer Anwärter für einen frühen Herzinfarkt* ein. Iris gehörte nämlich zu den Personen, die ständig Panik schoben. Falls die Genforschung irgendwann mal auf den Trichter kommen sollte, ein Panik-Gen zu isolieren, dann werde ich ihnen die Adresse von Iris zukommen lassen. Da es sich beim Referendariat um einen neuen Lebensabschnitt handelte, legte Iris bei ihrer Panikmache selbstverständlich noch eine Schippe drauf. Dieser Habitus hatte jedoch auch etwas Positives, denn man konnte eben dies prima ausnutzen, um Iris ein wenig Angst und Bange zu machen, so dass sie permanent einen Klecks in der Hose hatte. Ich habe das Angst und Bange machen so umgesetzt, indem ich Iris häufig und gern mit irgendwelchen pädagogischen Phantasiestandardwerken konfrontierte, die ich als unbedingte Pflichtlektüre für das Referendariat etikettierte: „Hey, Iris, hast du eigentlich schon *Didaktik im Licht des kritischen Rationalismus* von Raddelbacher gelesen? Scheint irgendwie total wichtig zu sein, wenn man durch das Referendariat kommen will!", „Ohgottogottogottogottogott!" Zugegeben, das war nicht fein von mir, jedoch hat es Laune gemacht! Irgendwie war es auch in meinen Augen gerechtfertigt, Iris in aller Regelmäßigkeit zu vereimern, denn Iris konnte einen wirklich mächtig auf den Zwirn gehen. Ich vermutete auch, dass Iris während der Ausübung ihrer vorehelichen Pflichten (GV) über didaktische Ansätze sinniert oder ihre Unterrichtsentwürfe liest („Schatz, heute bitte die Hündchenstellung, dann kann ich noch ein wenig Korrektur lesen!"). Ich beschloss, mich in Zukunft von Iris fernzuhalten, da mir das Risiko, selbst einen Herzinfarkt zu erleiden, einfach zu hoch erschien. Abschließend kann ich ohne rot zu werden von mir geben, dass die Anwesenheit von Iris genauso angenehm war, wie direkt neben einem besoffenen Torfkopp an der Pinkelrinne stehen, der ein Kilo Spargel weggemöbelt hat und sich nun entschließt, kurz unter deiner Nase eine Stange Wasser abzuschlagen. Und mehr möchte ich zum Thema Iris nun wirklich nicht sagen!

Nach unserer öffentlich-rechtlich erarbeiteten Raucherpause ging es auch sofort im straff organisierten Programm weiter.

Nun sollten wir endlich den Personalrat für Referendare kennenlernen. Ich habe übrigens keine Ahnung, ob ich seine Amtsbezeichnung hier korrekt wiedergegeben habe, wahrscheinlich nicht, das ist mir persönlich an dieser Stelle auch vollkommen egal, da mich der Personalrat für Referendare schon seinerzeit nur von der Wand bis zur Tapete interessierte. Als uns dann der Personalrat für Referendare (ich nenne ihn jetzt einfach so), der übrigens selbst noch ein Referendar war, begrüßte, stellte ich mir eine fundamentale Frage. Wozu zum Geier brauchen Beamte, die eine lebenslange Beschäftigung zuzüglich fürstlicher Pensionszusagen qua Status innehaben eigentlich so etwas wie eine Arbeitnehmervertretung? Ein innerer Instinkt signalisierte mir jedoch, dass es bestimmt extrem ungünstig sein würde, eben diese Frage in eben diesem illustren Beamtenkreis zu stellen. Deshalb bastelte ich mit selbst eine Theorie zurecht, die die Daseinsberechtigung eines Personalrats und eines Personalrats für Referendare legitimierte. Nahezu alle Arbeitnehmer in der sogenannten freien Wirtschaft haben ein Organ, dem sie sich anvertrauen können und das ihre Interessen vertritt. Dieses Organ nennt sich Betriebsrat. Da ist es ja nur logisch, dass irgendwann alle verbeamteten Arbeitsnehmer aus der nicht ganz so freien Wirtschaft gesagt haben: „Hey, das finden wir aber total fies, die anderen haben einen Betriebsrat und wir nicht! Wenn wir nicht bald einen bekommen, dann klagen wir aber ganz tüchtig vorm Europäischen Gerichtshof für Menschenrechte oder drohen damit, noch weniger zu arbeiten!" Und genau hier werden sich ein paar Regierungsvertreter gedacht haben: „Leute, gebt den Beamten ihren Personalrat, dann halten sie die Füße still, der kostet uns zwar wieder jede Menge Geld, aber wir haben ja mittlerweile so viel Schulden, da soll es schließlich nicht auf den einen oder anderen Euro mehr ankommen. Außerdem müssen wir es ja nicht bezahlen!" Gesagt, getan, die Beamtenschaft hatte nun ihren Personalrat, alle waren froh und glücklich und die Grundpfeiler der Demokratie sind auch nicht ins Wanken geraten. Schlussendlich haben sie die ganze Sache dann komplett rund gemacht, indem man den Referendaren auch noch einen Personalrat gegeben hat, denn schließlich gibt es ja auch in dem einen oder anderen Betrieb eine Jugendauszubildendenvertretung (JAV)!

Doch kommen wir zurück zum eigentlichen Geschehen. Der Personalrat für Referendare begrüßte uns auf das herzlichste in den wohltemperierten Hallen des Studienseminars. Und um die ganz Sache richtig gemütlich zu veranstalten, hatte das Land weder Kosten noch Mühen gescheut und auf Tasche des Steuerzahlers 2 Packungen Schokoschaumküsse und 3 Flaschen Sekt für uns Rasselbande auf den Markt geworfen. Da ich bereits ahnte, dass die ganze Veranstaltung höchst langweilig und überflüssig werden würde, platzierte ich mich instinktiv in direkter Nähe zu den Sektflaschen, um gleich an der Quelle zu sein. Der Personalrat für Referendare sah aus wie ein Theologiestudent, nachdem er das Lukasevangelium auswendig gelernt hat: graue Stoffhose, graues Hemd, grauer Teint und einen Rudolf-Scharping-Gedächtnis-Bart. Meines Erachtens gehörte er zu den Typen, die ständig allein auf Partys rumstehen und alle fragen sich, wer denn diesen Vollpfosten bloß eingeladen hat. Irgendwie verspürte ich Mitleid mit dem Personalrat für Referendare und gab ihm wegen seines Rudolf-Scharping-Gedächtnis-Bartes sogleich den liebevollen Kosenamen *Teppichfliese*.

Teppichfliese begrüßte uns jedenfalls artig und hochoffiziell in seiner Eigenschaft als Personalrat der Referendare und erläuterte uns seine Funktion. Das klingt relativ unspektakulär – und das war es auch. Seine einleitenden Worte dauerten jedenfalls gefühlte 2,457 Minuten, wobei seine Begrüßung etwa 90% der Zeit einnahm. Für Leute, die der Mathematik nicht ganz so mächtig sind, sei hier verdeutlicht, dass Teppichfliese nicht so wirklich viel über seinen spannenden Aufgabenbereich berichten konnte. Es ist somit nur nachvollziehbar, dass einige meiner Referendarskollegen eben genau dies ein wenig näher operationalisiert haben wollten oder vereinfacht ausgedrückt, sie stellten einfach laut die Frage: „Keule, was machst du eigentlich den ganzen Tag als Personalrat für Referendare?" Ich gehörte übrigens nicht zu den Fragestellern, weil ich mich intensiv um den Schutz der drei Sektflaschen kümmern musste.

Eine arbeitsintensive Exkursion neigt sich dem Ende entgegen. Die Referendare des Hauswirtschaftsseminars führen eine Unterrichtseinheit zum Thema „Ganzheitliches Kochen" durch. Gut zu erkennen, es gibt gleich gedünsteten Igel im Tonmantel. Lecker!

Teppichfliese kam bei dieser Frage jedoch so ein klein wenig ins Rudern, er bekam dann aber ganz geschickt die Kurve, indem er mit dünner Stimme antwortete: „Mmmh, naja, also halt immer ein offenes Ohr haben...für Fragen da sein, Tipps, Anregungen, Probleme...". Und genau hier war der Zeitpunkt erreicht, wo ich mit Nobbi beschloss, die erste Pulle Sekt zu köpfen und niederzukämpfen. Aber Teppichfliese war noch lange nicht fertig, sondern setzte auf dieses breit gefächerte Aufgabenfeld noch einen drauf: „...und außerdem bin ich für die Bestellung der Lehrerkalender zuständig!" Wahrscheinlich hatte sich Teppichfliese extra dafür eine MS-Excel-Tabelle angelegt, in der er seine Bestelldaten emsig einpflegt. Was freute ich mich doch, dass ich an dieser Stelle schon mächtig einen am Zaun hatte! Noch heute wache ich häufig aus meinen tiefsten Träumen auf und frage mich, ob ich damals schon derart einen im Tee hatte, so dass die ganze Sache mit Teppichfliese einfach nur eine große Halluzination war. Leider war es keine Halluzination, sondern ziemlich real.

Ich hatte jedenfalls seinerzeit aus der Begegnung mit Teppichfliese folgenden Rückschluss gezogen: Mein Wunschberuf ist hauptamtlicher Personalrat für Referendare – an Arbeitsüberlastung werde ich dann unter Garantie nicht sterben!

Mein erster Schultag

Endlich wurden wir in unsere Ausbildungsschulen geschickt. Da jubelte aber die Beamtenseele in Lauerstellung, denn Ausbildungsschule bedeute auch Praxisteil des Referendariats und genau deshalb waren wir schließlich auch da. Wir wollten endlich zeigen, was wirklich in uns steckt. Wir wollten der pädagogischen Fachwelt beweisen, dass wir besser unterrichten können als alle Lehrer, die wir während unserer Schulzeit über uns ergehen lassen mussten. Hier, in der Ausbildungsschule, sollten wir also Unterrichtsstunden in eigener Verantwortung halten und mit Ausbildungslehrern gemeinsam unterrichten. Auf erstgenannte freute ich mich natürlich ganz besonders, da eigenverantwortlicher Unterricht in meinen Augen besonders gut auf die Praxis vorbereitet: keine Kontrolle, keiner schaut einem auf die Finger, wenn es schief läuft, dann sind halt die anderen Schuld, d.h. die Schüler und die Kohle fließt in reichem Maße. In einem biblischen Duktus würde man so etwas wohl Paradies nennen. In der betriebswirtschaftlichen Literatur hingegen heißt so etwas *Berufsbeamtentum.*

Wie bereits schon zart und versteckt im oberen Absatz erwähnt, fing ich nicht allein in meiner Ausbildungsschule an. Wir, das waren Sillie, Steffen und schließlich meine wenige Wenigkeit. Alles in allem waren die beiden ziemlich knuffige Typen, leider gab es da ein winziges optisches Problem. Sillie maß gefühlte 1,44 Meter und Steffen ungefähr 2,10 Meter während ich mich mit meinen 1,80 Meter irgendwie dazwischen einsortierte. Genau dieser Umstand ließ in mir mal wieder die vage Vermutung aufkommen, dass ich nichts weiter bin als Mittelmaß. Warum muss das Leben eigentlich immer auf mich einprügeln? Diesmal sogar in visueller Sicht! So ganz allmählich fing ich an zu glauben, dass da irgendein genetischer Fluch auf mir lag. Allerdings hatte dieser Umstand auch eine humoristische Komponente. In der richtigen Reihenfolge aufgestellt, d.h. erst Sillie, dann ich und schließlich Steffen, sahen wir nämlich aus wie eine pädagogische Lehrtafel zu Darwins Evolutionstheorie. Naja, so meine Hoffnung, wenn ich mich mit den beiden anderen so richtig zum Klops mache, dann wird wahrscheinlich niemand meine intellektuelle und optische Mittelmäßigkeit erkennen. Die Hoffnung stirbt halt zuletzt!

Charakterlich konnten wir drei wie folgt umschrieben werden. Sillie das kleine Energiebündel, das so ganz und gar nicht dem Image des scheintoten Beamten entsprechen wollte, Steffen, der schon wegen seiner Körpergröße als Fels in der wilden Beamtenbrandung angesehen werden konnte und schließlich ich, der nicht viel mehr vorzuweisen hatte als eine Rolle Drops im Hirn. Als einzige Gewissheit nahm ich von meinem ersten Schultag mit, dass wir drei in einer Comedy-Show schon durch unsere bloße Bühnenpräsenz die Lacher auf unserer Seite gehabt hätten.

Selbstverständlich bekamen wir nicht einen Klaps auf den Pöter, um dann in die uns zugewiesenen Schulklassen zu stiefeln, nein, wir wurden offiziell und öffentlich-rechtlich von der Schulleitung begrüßt. Hier fiel mir eine lustige Besonderheit meiner Ausbildungsschule auf. Wenn du zur Schulleitung wolltest, dann musstest du gezwungenermaßen ein paar Treppen *hinauf* steigen. Wenn du dahingegen zur stellvertretenden Schulleitung wolltest, dann musstest du ein paar Treppen *hinab* steigen. Sicherlich ließ die Bauweise des Gebäudes keine andere organisatorische bzw. räumliche Lösung zu. Trotz alledem wurde hier recht deutlich signalisiert, wo Doof und wo Gut ihren Hintern in die Chefstühle drücken. Dies wäre sicherlich in einem privatwirtschaftlich geführten Betrieb undenkbar gewesen. Man stelle sich doch bloß mal vor: „Ich muss ganz fix zur Geschäftsführung, wie komme ich da am schnellsten hin?", „Oh, unser Geschäftsführer ist leider außer Haus. Sie können dies aber auch mit seinem Stellvertreter klären. Da gehen sie am besten diesen Gang durch, dann in den Fahrstuhl, drücken sie auf 3. Untergeschoss und folgen dann tapfer dem feuchten Rinnsal auf dem Fußboden! Gleich beim intensiven Buttersäuregeruch ist dann sein Büro!"

OStR Friedemann Pillsulski löst den Gutschein zu seinem 20. Dienstjubiläum zum „einmal an den See scheißen" pflichtgemäß am selben Tag ein.

Endlich wurden wir von Rektor Läutner höflich und öffentlich-rechtlich begrüßt. Der Schulleiter gehörte zu jenem Typ Mensch, der sich ganz gerne mal zu seiner Jeanshose ein Sakko nebst Krawatte überwirft. Mein erster Eindruck von Läutner war mittelprächtig. „Naja", dachte ich, „wenigstens scheint er untenherum ein ganz lockerer Mensch zu sein!" Schulleiter sind wiederum eine ganz spezielle Art Beamte für sich. Sie leiten ein ganzes Kollegium obwohl sie keinerlei Leitungsbefugnis haben, sie reißen maximal zwei Unterrichtsstunden ab und überlegen die restliche Zeit, wie sie das Kollegium mit komischen Aufgaben zuballern können. Daneben gibt es noch einen zweiten Typus von Schulleitern, dieser Typus reißt ebenfalls 2 Unterrichtsstunden pro Woche ab und überlegt die restliche Zeit, wie er am wirkungsvollsten so tun könnte, als ob er einen Arsch voll zu tun hätte. Instinktiv sortierte ich Rektor Läutner in die erstgenannte Kategorie ein und sollte mal wieder Recht behalten. Mit dieser Begabung sollte ich mich vielleicht bei „Wetten, dass…" bewerben. Herr Läutner sprach mit heiserer Stimme zu uns und gab mir damit ganz objektiv zu verstehen: Ich rede halt gern ziemlich viel, deshalb bin ich auch immer heiser. Und genau hier begab ich mich intuitiv in eine Hab-Acht-Position.

Darüber hinaus zeigte Läutner eine ziemlich seltsame Eigenart, die ich hier gern wiedergeben möchte. Nach jedem gesprochenen Absatz zog er mit leicht geöffnetem Mund seine Mundwinkel herunter und ließ sie sogleich wieder in eine neutrale Position zurückschnellen. Dieses Spielchen wiederholte er ungefähr zwei- bis dreimal. Ich denke, dass er allen mit dieser Geste signalisieren wollte: „Na, seid ihr baff, was ich hier alles wissen tue oder was?" Mit zunehmender Dauer des Monologs, den Rektor Läutner auf uns herein prasseln ließ, wurde mir bewusst, dass Läutner bestimmt zu der Sorte Mensch gehört, die sich beim Schützenfest zu einer gemütlichen Gruppe stellen, Runde für Runde mit saufen und sich dann geflissentlich verpieseln, wenn sie an der Reihe sind, eine Runde Herrengedeck für die durstige Meute zu spendieren. Dann steht er bestimmt da, leicht angetüdelt, in einer fernen Ecke des Festzelts und spielt wieder sein Mundwinkel-Spiel: „Na, seid ihr baff, dass ich mich so schnell verpissen tun kann oder was?"

Da Herr Läutner meine immer größer werdende Anspannung ganz offensichtlich wahrnahm, ließ er den warmherzigen Pädagogen raushängen und wusste gekonnt, ein paar beruhigende Worte an uns alle zu richten: „Das mit Referendariat darf man nicht eng sehen. Wer sich hübsch den Arsch aufreißt und 27 Stunden pro Tag fleißig arbeitet, dem sollten diese 1,5 Jahre keine Probleme bereiten. Und vergessen Sie nicht, auch mal mit Ihren Freunden ein Bier zu trinken. Man muss nämlich auch mal abschalten!" Und da waren sie schon wieder, die Mundwinkel, die dreimal runter schnellten und zwischenzeitlich die neutrale Position suchten. „Na, seid ihr baff, dass ich so viel Scheiße reden tue oder was?"

Danach folgte ein weiterer Monolog, der gefühlte 162 Minuten andauerte. Rektor Läutner referierte hier in epischer Breite über die Rolle des Lehrers im Allgemeinen und im Besonderen. Hätte er die Mondscheinsonate von Ludwig van Beethoven als Hintergrundmusik aufgelegt, dann wäre ich unter Garantie tief uns fest eingeschlummert. Trotz der fehlenden Mondscheinsonate wurde die Gefahr des Einschlafens für mich größer und größer. Um dieser Müdigkeit zu begegnen, zählte ich einfach sein Mundwinkelzucken. Dies war jedoch genauso spannend wie Schäfchen zählen, so dass ich folglich beim Mundwinkelzucken Nummer 412 kurz wegnickte. Ich beschloss spontan, zu Hause meinen ersten Kurzschlaf während der Arbeitszeit als angehender Beamter gebührend zu feiern. Das einzige, was ich aus Läutners Monologen mitgenommen habe war, dass das Referendariat mit einem tierischen Hucken Arbeit verbunden ist. Das sind natürlich Prognosen, die man als Beamter in Lauerstellung gar nicht gerne hört. Falls sich das alles bewahrheiten sollte entschied ich, Verfassungsbeschwerde einzureichen. Jedenfalls sehnte ich so allmählich das Ende von Herrn Läutners Monologen herbei. Ich wettete insgeheim, dass er seine Ausführungen mit Worten schließen würde: „…und wenn mal was sein sollte, meine Tür steht ja immer offen!" Vorsicht bei Vorgesetzten, die vollmundig versprechen, dass ihre Tür immer offen ist! Und genauso sollte es auch kommen, auch Läutners Tür sollte für uns immer offen stehen. Am liebsten hätte ich ihn nach diesen Worten angeschaut, sein Mundwinkel-Spiel imitiert und ihm ins Gesicht gesagt: „Na, sind Sie baff, dass ich den Quatsch mit der Tür schon geahnt haben tue oder was?" Ich überlegte kurz, ob ich beim Rausgehen noch ein paar Komplimente über Herrn Läutners Krawatte fallen lassen sollte, um Pluspunkte zu sammeln. Ich ließ jedoch davon ab, weil mir kein passendes Kompliment zu einer Krawatte mit Schlumpfmotiven einfiel.

Nach Herrn Läutners Ausführungen verließen wir Referendare in wohlsortierter Reihenfolge den Ort des Geschehens. Erst Sillie, dann ich und schließlich Steffen. „Wenn wir jetzt so durch die Schulaula latschen", dachte ich, „dann werden wir unter Garantie gefragt, ob wir gerade eine Probe für das Schultheater durchführen!"

Als Zwischenfazit konnte ich für mich festhalten, dass der Start des 2. Staatsexamens nicht grauenvoller hätte beginnen können. Von allen Seiten wird dir Arbeit bis der Arzt kommt angekündigt und gleichzeitig wird dir unmissverständlich signalisiert, dass du nichts weiter bist als der Depp vom Dienst. Willkommen im Beamtendasein! Egal, wie viel du arbeitest – es wird dir sowieso keiner glauben, weil dich keiner mag!

Durchstarten

Nun war es also endlich, endlich so weit. Nun war der Tag gekommen, für den ich 10 Semester lang studiert habe, um die tiefe Bedeutung von „Du böse – Du raus vor die Tür" in praxi zu erfahren. Für diesen Tag habe ich nächtelang gebüffelt und literweise Pils in mich rein geschüttet. Und nun sollte ich endlich, endlich allein unterrichten. Mein erster eigenverantwortlicher Unterricht, so heißt das im Fachjargon versierter Pädagogen, sollte vor einer Klasse angehender Industriekaufleute stattfinden. Was uns verband war die Tatsache, dass es für uns alle das erste Mal war. Die Schüler hatten ihren ersten Schultag in der Berufsschule und ich feierte ebenfalls meine Premiere als Lehrer. Die Schulklasse bestand aus 20 Schülern, diese Tatsache war mir vor Unterrichtsbeginn hinreichend bekannt. Doch das konnte ja bei weitem nicht alles sein. Versiert und routiniert checkte ich weiter das Bedingungsfeld ab. *Bedingungsfeld* ist übrigens wieder so ein typischer, pädagogischer Fachausdruck. Dieses mehrsilbige Wortmonster sagt nichts anderes aus als „*Was* habe ich denn da für Komiker vor mir sitzen?" und „*Wo* sitzen denn diese Komiker?" Die letztgenannte Frage war relativ einfach zu beantworten, denn wir versammelten uns alle im Klassenraum 011, der mit Tischen, Stühlen und einem tollen Beamer ausgestattet war. Die erstgenannte Frage war demgegenüber schon etwas schwieriger zu beantworten, da ich die Schüler nicht kannte und sie ebenfalls nichts über mich wussten, so hoffte ich wenigstens.

An dieser Stelle merkte ich, dass sich zehn Semester wirtschaftspädagogisches Studium rein volkswirtschaftlich betrachtet voll und ganz gelohnt haben, denn ich schlussfolgerte, dass wir uns somit erst kennenlernen mussten, da wir ja bekanntermaßen noch nichts voneinander wussten. Problem erkannt – Problem knallhart gebannt. Gott im Himmel, ich konnte den pädagogischen Nobelpreis schon in meinen Händen fühlen! So einfach kann gute Unterrichtsvorbereitung sein!

Eben dieses Problem hat man in der Vergangenheit, d.h. zu meiner Schulzeit, ungefähr wie folgt gelöst. Da hieß es dann von der neuen Lehrkraft: „Tach, schön! Mein Name ist Herr Brummelmann, ich bin ihr Klassenlehrer. Sie hier vorne fertigen mir flugs einen Sitzplan an und wir anderen starten währenddessen gleich kräftig im Stoff durch!" Tja, so sah es früher aus, das geht heute selbstverständlich überhaupt nicht mehr, da früher bekanntermaßen nur pädagogischer Murks verzapft worden ist, was ja nicht so schlimm war, weil die Welt, in der wir lebten, ja noch nicht so komplex war...aber was erzähle ich eigentlich? Das hatten wir ja alles an anderer Stelle schon!

Als kleines Zwischenfazit kann ich also festhalten, dass Sitzplan schreiben lassen unter die Kategorie didaktische Todsünde fällt. Schließlich lag es mir in meiner ersten Unterrichtsstunde sehr viel daran, der immer komplexer werdenden Welt Rechnung zu tragen. Und diese Komplexität fängt halt schon beim Kennenlernen an, wahrscheinlich weil es heute so viele Menschen gibt, die (komplexe!) Doppelnamen tragen...ich weiß es doch auch nicht!!! Jedenfalls mündeten diese langen und recht nervigen Überlegungen vor Beginn meiner ersten eigenverantwortlichen Unterrichtsstunde in einem einzigen, kurzen Wort: Kennenlernspiele! Dieses kleine Wort stellte somit die ultima ratio für mein komplexes Problem dar.

Wer nun nicht genau weiß, was Kennenlernspiele denn genau sind, dem sei an dieser Stelle exkursorisch davon berichtet. Kennenlernspiele sind die Dinger, die von engagierten Berufspädagogen auf das sorgfältigste ausgedacht, konzipiert und evaluiert worden sind. Es gibt eine Vielzahl von Kennenlernspiele, so dass man problemlos ein komplettes Schuljahr mit eben diesen füllen könnte. Und wenn man mit volljährigen Schülern ein ausgewähltes, pädagogisch wertvolles Kennenlernspiel durchführt, dann wird das von allen Beteiligten meistens mit den folgenden Worten kommentiert: „Denkt der senile Saftarsch da vorne eigentlich, dass wir immer noch mit schokoladenverschmiertem Mund um den Tannenbaum laufen oder was soll diese Kinderkacke hier eigentlich? Weshalb kann nicht einfach jemand einen blöden Sitzplan anfertigen und gut ist gewesen?" Was soll man dazu bloß sagen? Schnell ist die Jugend mit dem Wort und hat trotz ihrer Volljährigkeit keinerlei Plan davon, was für sie nun wirklich gut und dienlich ist!

Trotz oder gerade wegen dieser möglichen Einwände beschloss ich, den Jungs und Mädels so ein richtig schönes Kennenlernspiel vor den Latz zu ballern. Außerdem entschied ich mich dafür, fortan ein braver und angepasster Pädagoge zu sein und die mögen nun einmal Kennenlernspiele! Also blätterte ich in meinem 49,99 €-Kompendium „Feine didaktische Schmankerl" und sollte auch alsbald fündig werden, denn ich entdeckte ein wirklich tolles Kennenlernspiel. Dies sollte sich wie folgt vollziehen:

Das Schuhspiel

Autor:

Matthias Hänsel in Spieleliste

Gruppengröße:

12 - 30 Personen

Altersgruppe:

alle

Material:

Schuhe der Teilnehmer

Beschreibung:

Einfaches Kennenlernspiel mit viel Spaß

Jeder Teilnehmer zieht einen Schuh aus. Alle Schuhe werden auf einem großen Haufen in der Mitte gesammelt. Auf Kommando

(eins-zwei-drei) greift sich jeder blind einen Schuh vom Stapel und versucht den Besitzer zu finden. Das Chaos während jeder

jemanden sucht - und dabei selber gesucht wird - ist gewollt.

Jetzt hat man entweder seinen Interviewpartner gefunden und stellt ihm ein paar Fragen, deren Antwort man noch nicht weiß, oder man wird gerade noch verzweifelt gesucht. Anschließend stellt jeder seinen Schuh-Partner vor.

Hier an dieser Stelle ein kleiner aber wichtiger Hinweis an alle angehenden Pädagogen. Auch so einen Quatsch sollte man sich ordentlich durchlesen, bevor man es in den Schulalltag einbringt, denn sonst kann der Schuss ganz schnell nach hinten losgehen, wie ich später leidvoll erfahren sollte. Dazu aber gleich mehr!

Schlag 7.50 Uhr betrat ich pflichtbewusst mit meiner Lehrer-Doktor-Specht-Umhängetasche den Klassenraum. Noch 10 Minuten bis zum Unterrichtsbeginn, ich fühlte mich auf einem guten Weg, ein treuer Staatsdiener zu werden! Um Punkt 8.00 Uhr ertönte der öffentlich-rechtliche Pausengong und als um 8.21 Uhr der letzte Schüler mit dem Tempo einer gehbehinderten Weinbergschnecke den Klassenraum betrat begann ich endlich damit, mich den Schülern vorzustellen. Dabei betonte ich, dass ich noch Referendar sei. Diese Annotation führte zu ersten Schülerreaktionen. Beispielsweise bemerkte Phillip: „Ey, geil! Dann können wir uns ja alle gleich duzen!" Konstanze hingegen war die Enttäuschung anzumerken, dass ich *nur* ein Referendar war. Mit unübersehbarerer Schmolllippe knöselte sie vor sich hin: „Und warum bekommen wir keinen richtigen Lehrer?" Beide Äußerungen quittierte mit einem gepflegten Überhören und schwenkte gekonnt zu meinem Kennenlernspiel über. Etwas holperig erläuterte ich der Meute, was ich denn nun mit ihnen vorhaben würde. Die erste Reaktion waren 20 Gesichter, die mich mit verständnislosen Augen anstarrten. Gut, ich wiederholte gerne meine Ausführungen zum Kennenlernspiel und hoffte, dass das blöde Schuhspiel nun auch der letzte Trottel intellektuell internalisiert hatte. Obwohl ich auch nach meiner zweiten Erläuterung immer noch in Gesichter schaute, die denselben Ausdruck hatten wie Axel Schulz, dem man gerade die Grundzüge des logischen Positivismus´ erklärt hatte, beschloss ich, einfach anzufangen.

Die Schulklassen werden immer größer! StRin Ingeborg Hartmann-Klotzbrecher (Pfeil) organisiert in der Bankenklasse BA45G emsig eine arbeitsteilige Kleingruppenarbeit zum Thema „Die Rolle der europäischen Zentralbank im Allgemeinen und Besonderen".

Da unmittelbar nach meinen Erläuterungen missmutig 20 Schuhe in die Mitte des Klassenraums geworfen wurden, dachte ich, dass das Kennenlernspiel nun endlich seinen pädagogischen Gang nehmen würde. Zufrieden begutachtete ich das rege Treiben und freute mich ob dieser didaktischen Meisterleistung, die ich da gerade eben vollbracht hatte. Nachdem nun endlich alle Schuhe ausgezogen waren, erfüllte sogleich ein streng süßlicher Duft den Klassenraum. Mühsam unterdrückte ich den aufkommenden Würgereiz und wertete den beißenden Fußschweißgeruch einfach als meine pädagogische Feuertaufe. Danach ging es denn auch gleich so richtig bunt zur Sache.

Jonas zog in böser Absicht den rechten Damenschuh von Birgit an und mimte dann mehr oder weniger gekonnt einen tuntigen Gang. Dies stieß wiederum auf schallendes Gelächter, lediglich Birgit schien ein wenig angesäuert, so dass sie Jonas daraufhin als *blöde Sau* titulierte. Diesen Namen sollte er dann auch für den Rest des Schuljahres beibehalten. Ich weiß jedoch nicht, ob das der Sinn und Zweck dieses Spiels war. Konstanze hingegen erwischte einen von Phillips Turnschuhen, dessen beste Zeiten schon lange vorbei waren. Konstanze erbrach sich dann auch sofort neben Karin, da Phillip kurz vor Beginn der Unterrichtsstunde aus Versehen in Hundescheiße getreten war. Phillip interessierte sich nur randständig für mein tolles Kennenlernspiel, sondern nervte mich die ganze Zeit damit, ob wir uns nicht doch alle duzen sollten. Mein energisches Nein vernahm er schon gar nicht mehr, da er fluchtartig den Klassenraum verließ, um beim benachbarten Kiosk einen Sechserträger Pils zu besorgen, damit wir ganz akkurat unsere Brüderschaft besiegeln konnten. Bianca fing an zu weinen, als Tom die Nähte ihrer Designerschuhe sprengte. Dies geschah, weil er versuchte, ihren Schuh anzuziehen, wobei sein Senk-Spreiz-Fuß dann alles Übrige erledigte. Jochen lief fragend mir drei Herrenschuhen durch den Klassenraum, von denen er zwei tief frustriert aus dem Fenster warf. Claudia und Anne machten hingegen überhaupt nicht mit, sondern spielten in einer Ecke Käsekästchen. Na, irgendwie hat es ja doch etwas gebracht, denn wenigstens die beiden haben sich gefunden. Schlussendlich erteilte ich Marco noch eine mündliche Rüge, da er mit wasserfestem Edding vulgäre Zeichnungen auf Tanjas Turnschuhe malte.

Nachdem sich das Chaos von selbst aufgelöst hatte und keiner mehr wusste, wo oben und unten war, ließ ich Kevin einen Sitzplan anfertigen und belohnte die Klasse, indem ich 5 Minuten vorher Schluss machte, weil ja alle so fleißig mitgearbeitet hatten. Beim Herausgehen aus dem Klassenraum entschied ich mich dafür, das Schuhspiel von meiner persönlichen Favoritenliste der Kennenlernspiele zu streichen.

Der erste Unterrichtsbesuch

Irgendwann musste es ja mal soweit sein, mein erster (kleiner) Unterrichtsbesuch bahnte sich in Riesenschritten an. Dieser sollte bei meiner Fachleiterin für Wirtschaft, Frau Runde, stattfinden. Konkret bedeutet dies für mich, dass ich 45 Minuten Unterricht sechs Stunden lang vorbereiten musste. Um nicht gleich thematisch in alle Fettnäpfchen dieser Welt zu treten, bereitete ich ein Unterrichtsthema vor, bei dem ich mich scheinbar auf sicherem Terrain bewegte und bei dem eigentlich nichts schief gehen konnte… so meinte ich jedenfalls.

Als Thema suchte ich mir das ökonomische Prinzip aus. Für alle nicht Fachleute: Minimale Kosten bei gegebenem Ertrag bzw. maximaler Ertrag bei gegebenen Kosten. Nun stellte sich für mich selbstverständlich die Frage, wie ich denn zur Hölle mit diesen zwei Halbsätzen eine Unterrichtsstunde von 45 Minuten füllen konnte. Der pragmatische Weg fiel hierbei leider Gottes vollkommen flach. Dieser sähe ungefähr wie folgt aus. Du ballerst den ganzen Sumps per Tafelanschrieb den Schülern vor den Latz, lässt den ganzen Quatsch noch einmal in eigenen Worten wiederholen und der Drops ist nach 2 Minuten gelutscht, so dass du dich für die restliche Zeit geflissentlich den richtigen ökonomischen Brocken zuwenden kannst. Wie gesagt, dieser Weg fiel leider schon vorab durch jedes didaktische Raster, da laut pädagogischer Theorie bei dieser Vorgehensweise absolut kein Schüler auch nur einen Deut des ökonomischen Prinzips verstehen kann. Ob das in der pädagogischen Wirklichkeit auch so ist, kann leider nicht gesagt werden aber das steht ja hier nun wirklich nicht zur Debatte!

Ich war somit dazu gezwungen, diesen monströsen Stoff so aufzubereiten, dass die Schüler ihn sich mit Hilfe von Beispielen und kleinen Fallstudien selbstständig aneignen und zum Ergebnis kommen, dass es zwei Ausprägungen des ökonomischen Prinzips gibt, nämlich minimale Kosten bei gegebenen Ertrag bzw. maximaler Ertrag bei gegebenen Kosten. Das klingt noch irgendwie machbar, jedoch stand ich vor dem Problem, dass ich pädagogisch wertvolle Beispiele zu diesem Thema kreieren musste, die genauso realitätsnah sind wie eine zeitnahe Entschuldung des Bundeshaushalts. Eben solche Beispiele bzw. Fallstudien sehen dann im pädagogischen Berufsalltag ungefähr wie folgt aus:

Thorsten, Matthias und Klaus möchten eine tolle Party feiern. Dazu wollen sie zwei Tüten Bonbons, einen Kasten Sprudelbrause und vier Tüten leckere Kartoffelchips kaufen. Finden Sie mit Hilfe der beiliegenden Angebote vom Händler Ludwig Lustig KG, vom Händler Karl Kaufmann e.K. und vom Supermarkt Gerd Günstig GmbH heraus, zu welchem Preis die drei Freunde ihre Party am günstigsten feiern können!

Klein aber fein! Die bescheidene Wochenenddatsche von OStR Brömmelmann am schönen Kiesteich zu Reislingen/Süd (nahe beim Eckesdorfer Holz – Autobahnausfahrt Breilingen/West)

Um mal ganz offen und ehrlich zu sein, ich schäme mich abgrundtief, dass ich meine Schüler fast 1,5 Jahre lang mit diesen abstrusen Problemstellungen konfrontieren musste. Überflüssig zu erwähnen, dass die Realität irgendwie ein Stückchen anders ausschaut. Hier steht man als Berufspädagoge jedoch vor dem folgenden Problem: Beispiele bzw. Problemstellungen, die der Realität ein Stück näher kommen, sind schlicht und ergreifend ein pädagogisches *no go*! Das heißt für die Berufspraxis, dass man sich weiter mit Kartoffelchipsparty-Beispielen behelfen muss. Vielleicht an dieser Stelle eine reelle Problemstellung zum Thema ökonomisches Prinzip, die verdeutlicht, weshalb man so etwas niemals in den Unterricht bringen darf…leider Gottes.

Oppes, Pommes, Kotze und Kloppe wollen dieses Wochenende wieder mal so richtig die Sau fliegen lassen. Dazu benötigen sie drei Kästen Pils, zwei Flaschen Doppelkorn und 100 Gramm grauen Afghanen. Da sie auch noch 4 Mädels einladen wollen, müssen sie noch eine Kuschelrock-CD kaufen, um die Hühner möglichst schnell gefügig zu machen.

a) *Die vier Pappkameraden sind knapp bei Kasse. Suchen Sie im Internet bzw. am Bahnhof (=> grauer Afghane!) nach günstigen Angeboten! Was müssen die Kumpels abdrücken, wenn sie möglichst wenig Geld ausgeben wollen?*

b) *Wie ändert sich das Ergebnis, das Sie unter a) errechnet haben, wenn sich Pommes die Kuschelrock-CD für lau bei emule saugt?*

Es wird hier wohl unmissverständlich klar, dass diese kleine Problemstellung der oft und gebetmühlenartig eingeforderten Wirklichkeitsnähe zu einhundert Prozent Rechnung trägt. Überflüssig zu erwähnen, dass so ein Beispiel mit einem sofortigem Berufsverbot und lebenslanger Ächtung beleg werden würde. Somit blieb ich, wie bereits gesagt, bei meinem lustigen Wir-wollen-eine-tolle-Fete-mit-einem-Kasten-Limonade-Beispiel verharrte. Und aus diesem Grund fühlte ich mich auch für den anstehenden Unterrichtsbesuch auf das Allerbeste präpariert. Deshalb springen wir auch gleich in das eigentliche Geschehen.

Ich stand vor meiner Banken-Schulklasse und ein verschmitzter Blick auf die Uhr verriet mir, dass es nun noch 5

Minuten bis zu meinem ersten Unterrichtsbesuch andauern sollte. Gedanklich ging ich abermals die kommenden 45 Minuten durch und war mir sicher, dass gleich nichts mehr schiefgehen konnte! Schlag 8.45 Uhr öffnete sich schließlich die Tür des Klassenraums und Frau Runde betrat mit der Energie einer 0,1 Volt Batterie und einem Gesicht, mit dem man Eier abschrecken konnte, den Klassenraum. Nun denn, der Showdown konnte also beginnen!

Wie auf Knopfdruck brannte ich sogleich ein didaktisches Feuerwerk ab, haute den Schülern noch nie dagewesene Methoden um die Ohren, nutze meine reichhaltigen Erfahrungen aus der Berufspraxis und verzichtete bewusst darauf, wieder Schuhe in die Mitte werfen zu lassen, strengte mich an wie zehn kackende Hunde, verteilte Arbeitsblätter in beide Richtungen, ließ die Arbeitsgruppen schwitzen, um dann in einer wahrhaftigen Punktlandung das richtige Ergebnis von Stefan, dem Klassendeppen, präsentieren zu lassen: Minimale Kosten bei gegebenen Ertrag und maximaler Ertrag bei gegebenen Kosten. Danach verbeugte ich mich artig vor der Klasse und genoss den fiktiven Applaus, der auf mich herab prasselte. Artig notierte ich dann ins Klassenbuch das Stundenthema und zwinkerte Frau Runde aus den Augenwinkeln zu. Damit wollte ich ihr unmissverständlich zu Verstehen geben: „Na, wir Pädagogen sind doch alle doppelklippo oder was?" Da Frau Runde in diesem Augenblick so viel Emotionen wie ein autistischer Nacktnasenwombat zeigte, war ich ein klein wenig irritiert. „Wahrscheinlich", so dachte ich, „sammelt sie sich nur gedanklich, um in der Nachbesprechung ein fehlerfreies Heldenepos auf mich dichten zu können!" Diesmal sollte ich jedoch mit meiner Vermutung nicht so ganz richtig liegen!

Nachbesprechung. Frau Runde und ich saßen nun in einem kleinen, intimen Kämmerlein der Schule. Frau Runde bat zunächst mich, eine persönliche Einschätzung zu meinem Unterricht abzugeben. Lässig lehnte ich mich zurück, gab ein bis zwei kleinere, vermutete Schwächen preis, um nicht zu sehr auf das Mett zu hauen und schloss meine Selbstreflexion mit den Worten, dass ich an ihrer Stelle schon mal Beton für das Denkmal, das schon zu Lebzeiten an mich erinnern sollte, kaufen würde. Frau Runde schaute mich dabei genauso ungläubig wie ein bayrischer Landwirt, dem man gerade erzählt hat, dass er 5 Sachsen in seiner Scheune politisches Asyl gewähren muss.

Nun war endlich Frau Runde dran. Ich wusste, dass sie als versierte Pädagogin und als didaktischer Vollprofi mit den Feedbackregeln durchaus vertraut gewesen ist, d.h. zuerst kommt das Positive und dann das Negative. Da Frau Runde sofort mit dem Geräuschpegel einer 60 Tonnen-Dampframme losschoss folgerte ich, dass sie wohl recht wenig Positives bemerkt hatte. Und diesmal sollte ich mit dieser Vermutung durchaus Recht behalten. Nachdem Frau Runde ihre 30-minütige Beschimpfungsorgie beendet hatte, überlegte ich mir, welche Art des spektakulären Freitods ich denn nun für mich wählen sollte. Ich ließ jedoch schnell von diesem wehleidigen Gedanken ab und sinnierte sogleich über eine andere Option: Wie wäre es, Frau Runde in einem unbemerkten Augenblick ein Papierschild auf den schmalen Rücken zu kleben, das die Aufschrift trägt: „Ich bin eine olle verhärmte Pädagogin, die keiner mag und die sich noch nie in ihrem Leben die Beine rasiert hat". Ich ließ jedoch auch von diesem Vorhaben recht schnell ab und zog es stattdessen vor, ein wenig vor mich hinzuheulen und mich selbst zu bedauern, was ich doch für ein armes Schwein war. Resümieren konnte ich jedoch folgendes festhalten: Ich vertrug keine Kritik, ich zerfloss in Selbstmitleid und gab anderen gerne die Schuld an einer misslichen Situation, die ich mir selbst eingebrockt hatte. Mit diesen Eigenschaften war ich immer noch auf dem besten Weg ein richtig guter Lehrer zu werden!

Mein Stolz verlangte es, dass ich mich eine Woche später vor die Klasse stellte, in der ich meinen ersten Unterrichtsbesuch hatte, um sie zu fragen: „Sagen sie bitte, wie fanden sie eigentlich meinen Unterricht vor einer Woche?" Steffen, ein 18-

jähriger Sparkassenkaufmann antwortete gelangweilt: „Warum? War doch alles in Ordnung?" Danach wendete er sich wieder Sven zu, um via Bluetooth kleine Handy-Pornovideos mit ihm auszutauschen.

Selbstzufrieden verließ ich mit dem Pausengong das Klassenzimmer und wurde leider Gottes nicht das Gefühl los, dass diese kleinen Scheißer meine Frage irgendwie nicht so richtig ernst genommen hatten...

Exkurs: Unterrichtsbesuche

An dieser Stelle möchte ich noch einmal etwas näher auf die Unterrichtsbesuche eingehen, da diese Materie für Außenstehende nur sehr schwer zu verstehen ist. Dies gilt übrigens auch für den einen oder anderen Referendar bzw. für den einen oder anderen Fachleiter. Viele von denen verstehen diesen Kram nämlich auch nicht! Vielleicht denkt in diesem Augenblick auch jemand, dass dieser Exkurs schon vorher hätte kommen müssen. Zu dieser Kritik möchte ich folgendes entgegnen: Interessiert mich von der Wand bis zur Tapete! Hier unterscheiden sich Entwürfe zu Unterrichtsbesuchen und selbst geschriebene Bücher: Bei Entwürfen zu Unterrichtsbesuchen kritisieren jeden Menge Leute deinen Entwurf und du änderst all die Kritikpunkte, weil du musst. Bei selbst geschriebenen Büchern kritisieren auch jede Menge Leute und du änderst ganz genau gar nichts, weil du jetzt in der Position bist, dass dich alle mal kreuzweise können – keiner kann dir irgendetwas vor den Koffer ballern. Ja, das Leben kann auch schöne Seiten haben! Diesen Status hat man also, wenn man freischaffender Autor ist oder wenn man sein Referendariat erfolgreich beendet hat und sich als Lehrer in der sanften Wiege des Berufsbeamtentums wähnen kann. Doch nun endlich zu den Unterrichtsbesuchen bzw. zu den Entwürfen für die Unterrichtsbesuche.

Während des Referendariats muss man 9 einfache Unterrichtsbesuche, 3 besondere Unterrichtsbesuche und 2 Prüfungsunterrichtsbesuche über sich ergehen lassen. Worin unterschieden sich diese? Ganz einfach! Bei einfachen Unterrichtsbesuchen ist nur ein Fachleiter zugegen, bei besonderen Unterrichtsbesuchen alle drei Fachleiter und der Schulleiter, falls dieser es nicht vorzieht, sich lieber heimlich Pornobildchen aus dem Internet herunterzuladen. Und bei Prüfungsunterrichten sind alle Fachleiter, der Schulleiter (hier kann er sich nicht rausreden, dass er sich eigentlich viel lieber ein paar Ferkelbilder reinziehen möchte), der zuständige Fachlehrer, der Referendarsverantwortliche der jeweiligen Schule und irgendeine Rübennase aus dem Ministerium anwesend. Bestimmt werden bereits in irgendwelchen Ministerien Überlegungen angestellt, Vertreter ethnischer Minderheiten zu Prüfungsunterrichten einzuladen, um irgendwelchen Gleichstellungsrichtlinien Rechnung zu tragen. Leicht zu erkennen, dass beim Prüfungsunterricht neben vielen bekannten Problemen, noch ein kleines Platzproblem dazubekommt. Mein Verbesserungsvorschlag, für jede Schule eine mobile Tribüne anzuschaffen, um das Platzproblem bei Prüfungsunterrichten zu lösen, stieß seinerzeit leider auf wenig Gegenliebe. Zusammenfassend kann ich somit feststellen, dass einfache Unterrichtsbesuche einfaches Lob bzw. einfachen Anschiss bedeuten können und dass große Unterrichtsbesuche bzw. Prüfungsunterrichte folgerichtig mehrfaches Lob respektive mehrfachen Anschiss bedeuten können. Und falls ein (angehender) Referendar jetzt ganz frustriert diese Zeilen lesen sollte, dem kann ich beruhigend und aus eigener, reichhaltiger Erfahrung entgegenhalten, dass mehrfache Anschisse zwar ganz schön nerven, das geht aber schnell vorüber! Was die schriftlichen Entwürfe zu den Unterrichtsbesuchen anbelangt kann gesagt werden, dass die Entwürfe für große Unterrichtsbesuche und für Prüfungsunterrichte ausführlicher sein müssen als die für einfache Unterrichtsbesuche...das nur der Vollständigkeit halber.

Folgerichtig entbrannte zwischen uns Referendaren ein heftiger Wettstreit, wer denn nun die quantitativ umfangreichsten Entwürfe für Unterrichtsbesuche verfasste. „Wie, du hast für deinen einfachen Unterrichtsbesuch inklusive Anhänge 57 Seiten geschrieben? Naja, du kannst es dir ja wohl leisten, tüchtig auf Lücke zu setzen!" Es gab Zeiten während meines Referendariats, in denen ich mir überlegte, meine Entwürfe für die Unterrichtsentwürfe mit eigener ISBN-Nummer auflegen zu lassen. „Den Entwurf für meinen besonderen Unterrichtsbesuch brauchen Sie noch? Gehen Sie doch zu einem Buchhändler Ihrer Wahl und bestellen Sie ihn sich, nennen Sie meinen Namen und Sie bekommen drei Prozent Rabatt!" Natürlich hätte diese Aktion meine mittelmäßigen Leistungen nicht signifikant verbessert, jedoch hätte ich damit schön einen auf dicke Hosen machen können!

Kommen wir nun endlich zum Aufbau der schriftlichen Unterrichtsentwürfe, dieser ist, wen wundert es, nämlich öffentlich-rechtlich vorgegeben. Grundsätzlich gilt und genau das ist alleroberstes Gesetz: Verwende niemals, ich wiederhole niemals, sexistischen Sprachgebrauch in deinen Unterrichtsentwürfen! Und mit sexistischer Sprachgebrauch sind nicht Formulierungen folgender Qualität gemeint: „...dann werde ich die Muschis in arbeitsteilige Kleingruppen einteilen...". Nein, sexistischer Sprachgebrauch ist genau das, wenn man immer nur die männliche Form verwendet! Ein Beispiel. Wenn du schreibst „...das Leistungsniveau der Schüler schätze ich wie folgt ein...", dann geht das überhaupt gar nicht! Also bedeutet das, dass du immer hübsch die weibliche Form mit ins Boot holen musst. Für das eben gewählte Beispiel hieße das „...das Leistungsniveau der Schülerinnen und Schüler schätze ich wie folgt ein...". Auch hier hatte ich ein richtungsweisendes Erlebnis mit meiner Fachleiterin Frau Runde. Als ich sie während eines schönen Seminartages darum bat, bei meinem Unterricht (kleiner Unterrichtsbesuch) zum Thema „Bewerbertraining" beizuwohnen, kam es zu einem mittelschweren Eklat. Kaum hatte ich das Thema ausgesprochen musste ich auch sogleich eine mehrminütige Schimpfkanonade von Frau Runde über mich ergehen lassen. Da mein virtuelles Fragezeichen mit zunehmender Beschimpfungsdauer immer größer wurde, hatte Frau Runde ein pädagogisches Einsehen und klärte mich auf: „Mit Bewerbertraining schließen Sie nur männliche Bewerber ein, das heißt BEWERBUNGSTRAINING!!!!" Am liebsten hätte ich ihr daraufhin freundlich erwidert: „Das weiß ich doch! Ich habe bewusst nur die männlichen Bewerber angesprochen, weil sich die Pussies später ja sowieso um Heim und Herd kümmern müssen!" Tja, hätte ich ihr das entgegnet, dann wäre mir Frau Runde wahrscheinlich mit dem nackten Arsch ins Gesicht gesprungen. Und ich kann hier ganz frei heraus sagen, dass mir spontan tausend andere Sachen einfallen, die weitaus schöner sind, z.B. sich glühende Streichhölzchen unter die Fingernägel rammen…um nur eine von den tausend Sachen zu nennen.

Der formale Aufbau von schriftlichen verfassten Unterrichtsentwürfen hat sich öffentlich-rechtlich wie folgt zu gestalten. Zunächst wird das *Bedingungsfeld* wacker analysiert. Der Begriff Bedingungsfeld ist übrigens wieder ein Beispiel für die ganz eigene Sprache wie sie Berufspädagogen verwenden. Im Kapitel Bedingungsfeld werden nichts anderes als die Klassen- und Raumsituation analysiert. Der gesunde Menschenverstand sagt, dass man unter Bedingungsfeld ungefähr das Folgende subsumieren müsste: „Der Klassenraum hat vier Wände, unten einen Fußboden und oben eine Decke, damit es nicht rein regnet. Dann finden sich da noch ein paar Tische und Stühle, eine Tafel und ein Overheadprojektor. Die Schüler sitzen die meiste Zeit auf ihrem Hintern und sind überhaupt die ganz stinknormalen, pubertieren Rotzlöffel, die man aus dem Nachmittagsprogramm mit Oliver Geißen kennt." Selbstverständlich darfst du so etwas niemals schreiben, sondern musst dir die Gehirnwindungen ranzig überlegen, wie du diese Banalitäten in eine Weh-wie-wichtig-Sprachform verpacken kannst. Im Rahmen des Bedingungsfelds wird darüber hinaus emsig die Schüler-Lehrer-Situation reflektiert, was schließlich zum Absterben der bereits erwähnten Gehirnwindungen führt. Wer meint, sich jetzt entspannt zurücklehnen zu können, weil er die größte Grütze jetzt hinter sich gebracht hat, der hat weit gefehlt, denn nun soll es erst richtig losgehen. Nun geht es nämlich flugs mit der *didaktisch-methodischen Konzeption* weiter. Ich muss offen und ehrlich zugeben, dass man beim ersten Punkt noch ganz prima nach dem Motto copy and paste arbeiten konnte, indem man sich alte Unterrichtsentwürfe zur Hand nahm. Nun wird es jedoch richtig heiter, denn nun muss man sich im Rahmen der didaktisch-methodischen Konzeption mit folgenden Fragen konfrontieren:

- Wie sieht es denn immer so mit der Makrostruktur der Unterrichtssequenz aus?

- Wie verhält es sich mit der Analyse der Thematik, ihrer Komplexität und ihrer fachlichen Begründung?

- Wie kann ich zur Hölle noch eins die Auswahl- und Reduktionsentscheidungen begründen?

Sternstunden der Pädagogik! In einer handlungsorientierten Meisterleistung zeigt OStD Peer-Ronny Schwoballeck, dass man größer wirkt, wenn man auf einem Stuhl steht. Schon 24 Stunden später wurde ihm die verdiente Karl-Eugen v. Knappsack Gedächtnismedaillie am blauen Band verliehen!

Nun könnte man ja auf die grandiose Idee kommen und alteingesessene Kollegen fragen, was man denn am sinnvollsten zu diesen Punkten schreibt. Die Idee ist zwar per se ganz schnuckelig, aus eigener Erfahrung muss ich jedoch sagen: Fingers von die Dingers! Andere Kollegen zur Rate zu ziehen ist genauso sinnstiftend wie Taubenscheiße vom Dach zu kratzen – kommt eh immer wieder neue dazu! Du fragst 10 unterschiedliche Lehrer nach ihren Meinungen zu dem angesprochenen Punkt und du wirst mindestens 20 unterschiedliche Meinungen dazu bekommen. Spätestens dann kann man als Referendar einen behördlich genehmigten Antrag auf eine persönliche Zwangsjacke ausfüllen. In letzter Konsequenz bedeutet das, Helm auf und durch die Scheiße kriechen! Kurz und vereinfacht gefasst, füllte ich den Punkt didaktisch-methodische Konzeption immer wie folgt mit Leben: „Die Thematik muss behandelt werden, weil sie nun einmal im Lehrplan so vorgegeben ist, sie ist tüchtig komplex und ihre fachliche Begründung liegt darin, dass sie im Lehrplan vorgegeben ist aber das hatten wir ja bereits schon! Die Thematik habe ich reduziert, weil sie tüchtig komplex ist und weil ich sie selbst nicht ganz peile. So habe ich einfach die Themen, die mich selbst intellektuell überfordern, schlicht und ergreifend über Bord geworfen, weil ich keinen Bock habe, mir selbst die ganz große Nase aufzusetzen. Wie ich nun genau horizontal und vertikal reduziert habe, kann ich selbst nicht so genau sagen, weil ich nicht weiß, was das ist, gemacht habe ich es aber trotzdem!"

Der schrecklichste aller Punkte war und ist die *Lernzielformulierung*, die Lernzielformulierung ist wiederum ein Unterpunkt der oben erwähnten didaktisch-methodischen Konzeption. Damit soll operationalisiert werden, welche fachlichen, sozialen und methodischen Kompetenzen im Unterrichtsbesuch entwickelt werden sollen. Die Lernzielformulierung gehört definitiv zu den Punkten in meiner kurzen schulischen Laufbahn, gegen die sich meine Synapsen vehement gesträubt haben und auch in Zukunft sträuben werden. Jedes Mal gab es in der Nachbesprechung meiner Unterrichtsbesuche bezüglich meiner schriftlich verfassten Lernziele vom zuständigen Fachleiter was vorm Latz geballert. Überdies wurde ich genau hier mit einem altbekanntem Problem konfrontiert, denn jeder Fachleiter hatte hinsichtlich der Lernzielformulierung eine andere Auffassung und jeder Fachleiter war der Meinung die ultima ratio für sich gepachtet zu haben. Ein Beispiel. Wenn du in deinem Unterrichtsentwurf schreibst „…die Schüler festigen und erweitern ihre Argumentationskompetenz…", dann war es so sicher wie das Amen in der Kirche, dass dir in der Nachbesprechung vorgehalten wurde: „Und wie wollen Sie das in drei Teufelsnamen überprüfen, sie Langschwanzpavian?" Genau aus diesem Grund möchte ich jedem (angehenden) Referendar unbedingt anempfehlen, Lernziele immer unter dem Aspekt der Überprüfbarkeit zu formulieren. Wenn man beispielweise schreibt: „Die Schüler hauen sich gegenseitig was vor die Fresse", dann kann man sich in der Nachbesprechung genüsslich zurücklehnen und gönnerhaft intonieren: „Ja, was denn? Ich habe 12 blutende Nasen gezählt, das heißt es kommt ein großer Haken an mein Lernziel Nummer 1!" Und vielleicht noch ein kleiner Hinweis, falls irgendjemand wieder mal mit mehreren großen Fragezeichen vor seinem Unterrichtsentwurf sitzt und nicht weiß, was für einen Quatsch er sich in Bezug auf die Lernziele aus den Rippen leiern soll. In diesem Fall formuliert einfach das folgende Lernziel, das wirklich für jeden Unterricht Gültigkeit besitzt: „…fachliche, methodische und soziale Kompetenzen werden in dieser Stunde um kein Jota erweitert, da die Schüler alle destruktive Frühstücksfurzer sind, bei denen sowieso Hopfen und Malz verloren ist…":

Bei dem Unterpunkt *methodische Gestaltung* des Unterrichts geht es um das Wie, d.h. wie vermittele ich die vorab erwähnten Lernziele. Für den Unterricht, den ich persönlich bis dato mehr oder weniger erfolgreich durchgeführt habe, würde das etwa wie folgt aussehen. Wir werfen alle hübsch unsere Schuhe in die Mitte, um uns besser kennen zu lernen und bilden gleich danach fleißig einen Stuhlkreis, um darüber zu diskutieren, weshalb dieses saublöde Kennenlernspiel nicht geklappt hat.

Nachdem man nun dieses ganze Gesülze schriftlich niedergelegt hat, ist man endlich nach ewig langem Geschwafel beim

Punkt *geplanter Unterrichtsverlauf* angelangt. Dieser wird gern und häufig in tabellarischer Form angelagt. Diesbezüglich wurde mir kurz vor Ende meiner kurzen öffentlich-rechtlichen Laufbahn hinter vorgehaltener Hand berichtet, dass eben dieser tabellarische Unterrichtsverlauf von Fach-, Schul- und sonstigen Leitern gelesen wird und zwar ausschließlich nur der tabellarische Unterrichtsverlauf! Dies mündet selbstverfreilich in der vollkommen berechtigten und fast schon überflüssigen Frage: „Und warum Kreuzfurzfeuerteufel musste ich in nächtelanger Arbeit den anderen Quatsch schriftlich niederlegen, wenn ihn eh keiner von den überbezahlten Beamtensäcken liest? Weshalb reicht es nicht, einfach einen schriftlichen Unterrichtsentwurf in tabellarischer Form abzugeben und alle sind froh und glücklich und haben sich ganz dolle lieb?" Ich muss ja ganz offen und ehrlich zugeben, dass es mich seit dieser Erkenntnis mächtig in den Fingern gejuckt hat, mal zu testen, ob den anderen Quatsch wirklich kein Mensch liest. So spielte ich durchaus mit dem Gedanken, beispielsweise meine didaktisch-methodische Konzeption (die ja sowieso keiner von den Vollpfosten liest…das nur zur Erinnerung) mal wie folgt zu verfassen: „…im Begründungszusammenhang mit der vorab sorgfältig durchgeführten Analyse des Bedingungsfelds und eingedenk der curricularen Vorgaben möchte ich in meinen methodischen Elementen einflechten, dass Fachleiter Großhahn bei ebay gebrauchte Damenschlüpfer bestellt und dass Fachleiterin Frau Runde eine Playmobilmännchenfrisur hat. Aus diesem Grunde folgt in der didaktischen Ausgestaltung…" Ich will ungerne zugeben, dass ich nichts dergleichen getan habe, jedoch verwette ich noch heute die Eier des Hundes von Onkel Gustav, dass es keine Menschenseele bemerkt hätte!

Um den ganzen Krampf ein wenig anschaulicher zu gestalten, möchte ich hier einen Extrakt eines tabellarischen Unterrichtsverlaufs einmal zu Papier bringen. Die Spalten gliedern sich in Zeit, Inhalte, Schüler-Lehrer-Aktivität und Lernziele und Medien, der Rest ist der übliche Seich, den man halt so im

Rahmen eines schriftlichen Unterrichtsentwurfs niederschreiben muss.

Zeit	Inhalte	Schüler-Lehrer-Aktivität	Lernziele/Medien
8.00-8.01	Lehrer kommt in die Klasse und macht die Tür von außen zu und sagt den Schüler guten Tag.	Lehrer-Aktivität: hoch Schüler-Aktivität: wie immer	Hä?
8.01-8.02	Lehrer bemerkt seinen Fehler, kommt abermals in die Klasse und macht diesmal die Tür von innen zu.	s.o.	Kann sein muss aber nicht
8.02-8.05	Lehrer präsentiert den Schülern das Stundenthema und wird sich bewusst, dass sein Zeitplan schon jetzt im Arsch ist.	Zuhören und Schnauze halten	Immer noch nichts Medien: Beamer, Laptop, Zahnbürste und Pornohefte
8.05-8.11	Schüler erarbeiten in Kleingruppen die Arbeitsaufträge (siehe Anhang 4-155). Lehrer stellt sich derweil in eine Ecke und lässt einen fahren und gibt einem Schüler die Schuld.	Kleingruppenarbeit	Kannst du verreiben
etc.	etc.	etc.	etc.

Die schriftlich verfasste Unterrichtsplanung war übrigens ein ganz großes Thema in der Nachbesprechung, wenn die minutiöse Planung (mal wieder) ganz mächtig in die Hose gegangen ist. In diesem Fall gab es genau zwei Möglichkeiten der Rückmeldung, die man von seinem Fachleiter bekommen konnte. Bei guter Laune hieß es dann: „Hamse gut gemacht! Sie haben gezeigt, dass sie gedanklich flexibel und mobil sind, weil sie auf Unvorhergesehenes reagieren können und in der Lage sind, von einem Plan auch mal abzuweichen. Ich trage ihnen auch sogleich ein gelb ausgefülltes Sternchen in meinen Lehrerkalender ein!" Falls der Fachleiter jedoch früh morgens tüchtige Verdauungsprobleme hatte und in seinem Lehrerkalender *heute jemand zusammenscheißen* stand, dann sah die Rückmeldung wie folgt aus: „Sind sie Gesichtspudding nicht einmal in der Lage eine Winzigkeit von 45 Minuten durchzuplanen? Sie sind eine Schande für das Berufsbeamtentum...und das war kein Lob!!!!"

Als triviales Fazit bleibt somit festzuhalten, dass die Unterrichtsbesuche von angehenden Lehrern eine Planung abverlangen, die sie so definitiv nie wieder in ihrem zukünftigen Beamtenleben in dieser Art und Wiesen durchführen werden. Bei einer siebenstündigen Unterrichtsvorbereitung pro Unterrichtsstunde würde dies bei einer Arbeitswoche von 20 Unterrichtsstunden pro Woche bedeuten, dass allein 140 Zeitstunden für die Unterrichtsvorbereitung verballert werden müssten...und dies pro Woche! Genau damit könnte man sicherlich das ein oder andere ärztlich attestierte Burn-out erklären, jedoch würde das definitv niemand glauben. Schon dumm gelaufen, da ackerst du als Lehrer wie ein kackender Hund, dann fliegt dir folgerichtig irgendwann die Großhirnrinde weg und keine Menschenseele schenkt dir Glauben.

Die Realität sieht hingegen etwas anders aus. So wird in Fachkreisen gemunkelt, dass man pro Unterrichtsstunde eine Zeitstunde für die Unterrichtsvorbereitung bzw. für die Unterrichtsnachbereitung veranschlagen sollte. Um diese Rechnung richtig schnuckelig zu machen, müssen wir noch Konferenzen und Korrekturen von Klassenarbeiten hinzuaddieren. Und genau so kommen wir nun auf die viel zitierten und gebetsmühlenartig beschworenen 50-60 Stunden Wochenarbeitszeit von Lehrern. Was bleibt, ist das Burn-out, das so sicher kommen wird wie das Amen in der Kirche und die Tatsache, dass eben dies auch keine Menschenseele glaubt. Und da wage noch einer die Frage zu stellen, weshalb denn nun Lehrer so ein ziemlich eigener Schlag Menschen sind.

Es soll natürlich auch nicht verschwiegen werden, dass sich irgendwann in der Berufspraxis so etwas wie wohlverdiente Routine bei der Unterrichtsvorbereitung einschleicht. Selbstverständlich schreibt kein Lehrer dieser Welt 70-80seitige Extrakte, um seinen Unterricht akkurat vorzubereiten. Nein, in der Berufspraxis wird die Unterrichtsvorbereitung von Berufspädagogen zwar immer noch schriftlich verfasst, jedoch nimmt dies weitaus weniger Quantität in Anspruch. Eine reelle Unterrichtsvorbereitung könnte sich demzufolge in der Praxis etwa wie folgt darstellen:

Montag, Bankenkl. BA01B

- *Buch, S. 17-25, dann Aufgaben auf S. 25 lösen lassen*
- *Hausaufgabe: Lösungen zu Hause überprüfen lassen.*

Feiern mit Lehrern

Aus rein sprachwissenschaftlicher Betrachtung ist das Feiern mit Lehrern so etwas wie eine lebendige Leiche. Wenn man einen auf dicke Hose machen will, dann lehnt man sich zurück und säuselt altklug: „Ein echtes Oxymoron!" Um es vereinfacht auszudrücken, das Feiern mit Lehrern ist rein sprachlich gesehen ein Widerspruch in sich. Ganz schön kompliziert, diesen einfachen und offenkundigen Sachverhalt auf den Punkt zu bringen! Mit Lehrern zu feiern ist jedenfalls genauso toll als würdest du auf einer Beerdigung laut fragen, ob jemand Bock auf lustiges Worterülpsen hat. Diese Eigenart der Lehrer, den Begriff *Feiern* bzw. *organisiertes Kampfbesäufnis* aus ihrem persönlichen Wortschatz zu verbannen, hat selbstverständlich einen guten Grund. Und obwohl es nie ein Lehrer in meiner Gegenwart angesprochen hat, liegt dieser Grund doch ganz offenkundig auf der Hand. Und genau das wollen wir hier kurz beleuchten.

Schon zu Beginn meines Referendariats wurde mir ganz schnell klar, dass ich sämtliche Annehmlichkeiten der universitären Ausbildung ad acta legen muss. Zu den besagten Annehmlichkeiten gehören selbstverständlich nicht lustige Lerngruppen oder spannende Fachseminare, sondern vielmehr Sachen wie bspw. sturzbesoffen vor das Rathaus pinkeln, nach einem wunderbaren Besäufnis sich kollektiv auf dem Campus übergeben oder auch voll wie alle Eimer dieser Welt mit dem besten Studienkollegen Arm in Arm schweinisches Liedgut von sich geben. Diese schönen Seiten des Lebens sind für den Berufspädagogen leider Gottes ein absolutes Tabu! Hier geht meines Erachtens ein wahres Stück Lebensqualität verloren und dieser Verlust ist nun ein wirklicher Grund dafür, weshalb die Lehrer unser tiefstes Mitgefühl verdienen. Diese zwangsweise Aufgabe von Lebensqualität ist nicht nur damit zu begründen, dass die Lehrer die verdammte Pflicht haben, ein leuchtendes Vorbild für unsere Jugend zu sein, die sich bekanntermaßen im Rahmen von heiteren Komasaufspielen selbst ganz gerne die Birne ins

All sprengen. Nein, als Lehrer hast du vielmehr keine Lust darauf, dir öffentlich bis zum Verlust der Muttersprache einen zu brennen, weil du ganz genau weißt, dass du dann spätestens 24 Stunden später bei youtube oder clipfish zu bewundern bist. Die Anzahl der Klicks würde dir dann verraten, wie viele Schüler dich mit vollgepullerter Hose im world wide web gesehen haben. Und genau das ist der Grund, weshalb Lehrer in aller Öffentlichkeit so wenig Spaß haben (wollen) und weshalb es unmöglich ist, mit Lehrern anständig zu feiern und schließlich, weshalb Lehrer ständig so verbiestert dreinschauen.

Ein Riesenhallo auf dem Betriebsfest der Donald-Duck-Gesamtschule. StR Müller-Güllehülle führt eine lustige Tierdressur mit einem dreiköpfigen Schaf vor, das er heimlich während einer Biologiestunde geklont hat.

Wenn Lehrer mal so richtig Spaß haben wollen, dann gehen sie nach Hause, schließen sich ein, lassen die Rollläden runter und bürsten sich bei Kerzenschein richtig einen hinter den Knorpel. Ganz offen und ehrlich: So ein richtig erfülltes Leben sieht so ein klein wenig anders aus! Spätestens an dieser Stelle sollte wohl der letzte Leser ein aufrichtiges Verständnis für das stetige Jammern und Wehklagen von Lehrern entwickeln. Ich persönlich kann nun voll und ganz verstehen, weshalb viele Berufspädagogen ihr Leben nach dem Credo ausrichten: Wenn ich keinen Spaß mehr in meinem Leben haben darf, dann darf der Rest der Welt auch keinen Spaß mehr haben! Dafür werde ich schon sorgen!

Vor diesem Hintergrund mag es deshalb auch überhaupt nicht verwundern, dass Betriebsausflüge mit Lehrern eher in einem sachlich-nüchternen Kontext zu sehen sind. Hier wird nicht vorab gefragt, an welchem Ort man die günstigsten Halblitereimer Pils abpumpen kann, sondern welches Reiseziel mit dem Prädikat „pädagogisch gehaltvoll" etikettiert werden kann oder etwas provokanter formuliert: Wo können wir dieses Jahr im Rahmen unseres Betriebsausflugs hineiern, wo ein Maximum an Langeweile garantiert ist? Falls sich jemand unter den geschätzten Lesern dieses Buches befinden sollte, der einfach keine Lust mehr darauf hat, dass seine Kumpels jedes Wochenende bis 4.00 Uhr morgens in seiner Bude hocken und dort systematisch die heiligen Pilsvorräte niederknüppeln, um sich dann wie Ozzy Osbourne auf Speed zu benehmen, dem sei folgender Rat zuteil: Lade einfach für das nächste Wochenende zusätzlich fünf Berufspädagogen ein, deine Kumpels werden einen Schock fürs Leben bekommen und dich unter Garantie nie mehr in deinem Leben nerven, denn Feiern mit Lehrern sind genauso angenehm wie einlagiges Recyclingtoilettenpapier.

Diese weise Erkenntnis ist mir leider erst nach Beendigung meines Referendariats gekommen. Während desselben bin ich zugegebenermaßen relativ unbedarft an diese Thematik gegangen. So gingen mir seinerzeit demzufolge alle Lampen an als ich vernahm, dass meine Ausbildungsschule zum Abschluss des Schuljahres zum alljährlichen Betriebsfest einlud. „Jawohl!", so dachte ich. „Wir haben alle zusammen hart gearbeitet und deshalb werden wir uns beim Betriebsfest kollektiv einen an die Birne semmeln, machen die Nacht zum Tage und feiern bis die Landesschulbehörde kommt!" Um das wenig verwunderliche Ergebnis gleich vorweg zu nehmen: Das mit der „Landesschulbehörde" und das mit dem „Nacht zum Tage machen" musste ich ganz schnell von meiner persönlichen to-do-Liste streichen, weil keiner von den lieben Kollegen mitziehen wollte. Jedoch hielt ich als eiserner Einzelkämpfer beharrlich an dem erstgenannten Punkt trotzig fest!

Die große Fete sollte jedenfalls krönender Abschluss des Schuljahres werden. Und um es für alle Nicht-Pädagogen zu verdeutlichen, sie fand somit zu Beginn der Sommerferien statt…selbstverständlich am letzten Schultag und nicht am ersten Ferientag! Die Feier sollte im Schulgebäude stattfinden, das gute Wetter ließ es zu, einen Teil der Festivität nach draußen zu verlegen. Vor der Feier wurde jedoch noch eine Gesamtkonferenz einberufen, diese festigte meine legitime Grundlage, mir heute richtig einen in die Knochen zu hauen. Rektor Läutner hielt vollmundige Monologe vor der versammelten Mannschaft, machte Pausen und spielte wieder das Mundwinkel-runter-Mundwinkel-in-die-neutrale-Position-Spiel: „Na, tut ihr blöd schauen, was ich hier für einen Quatsch labern tue bin oder was?" Seine Monologe liefen unter der Hauptüberschrift: Gott, was sind wir doch die Allergeilsten auf der Welt und darüber hinaus! In seinem Ausblick auf das kommende Schuljahr hingegen schlug er etwas andere Töne an, diese lassen sich kurz und knapp wie folgt wiedergeben: „Euch Sauzähne werde ich nach den Sommerferien schon mit Arbeit zukleistern bis weißer Qualm aus eurem Beamtenhintern aufsteigt!" An dieser Stelle fragte ich mich, weshalb Rektor Läutner Leute, die nach eigenem Bekunden mindestens 70 Stunden pro Woche arbeiten, mit noch mehr Arbeit zuballert? Ich beschloss, ein Gedächtnisprotokoll der Gesamtkonferenz dem Europäischen Gerichtshof für Menschenrecht zukommen zu lassen. Von dieser Idee ließ ich jedoch ganz schnell ab, da ich wahrnehmen musste, dass sich niemand lauthals über Läutners geplante Frondienste beschwerte, kein Kollege zeigte auch nur das leiseste Anzeichen von Missmut oder den Hauch eines zart anfliegenden Burn-out-Syndroms. Leise Zweifel kamen in mir hoch. „Arbeiten die am

Ende gar nicht 70 Stunden pro Woche und freuen sich in Wirklichkeit darüber, dass nach den Sommerferien die Zeit der Langeweile nun endlich, endlich vorbei ist?", fragte ich mich ein wenig verstört. Ein weiterer Blick in die Gesichter meiner verbeamteten Kollegen gab mir auch keinerlei befriedigende Antwort, sondern nur die traurige Gewissheit, dass ich (meine Referendarskollegen mal ausgenommen) wahrscheinlich der Einzige war, der ein ehrliches, kühles Pils herbeisehnte. Dieses Sehnen sollte sich noch eine ganze Weile hinziehen, da Läutner darauf beharrte, seine 27 Punkte, die auf seiner Tagesordnung standen, systematisch abzuarbeiten. Des Weiteren trug sein Mundwinkelspiel, das er nach jedem Absatz einspielte, dazu bei, das Ende der Konferenz weit nach hinten zu verlagern („Na, tut ihr blöd aus der Wäsche schauen, dass ich so lange am Labern tun bin?"). Jedoch kamen wir irgendwann endlich zu dem gemütlichen Teil des Tages. Dieser ist jedoch leider Gottes relativ schnell und schmerzlos erzählt.

Ein weiteres Mal zeigte sich hier für mich der Unterschied zwischen einem Betriebsfest eines privatwirtschaftlichen Betriebs und einem Betriebsfest eines öffentlich-rechtlichen Betriebs. Wenn Wirtschaftsbetriebe eine Feier ausrichten, dann tragen sie Sorge dafür, dass jedem Kollegen mindesten 6.500 Kilokalorien feinste Gaumenfreuden bereit gestellt werden. Darüber hinaus wird streng darauf geachtet, dass soviel Schmunzelbrause vorhanden ist, dass jeder Betriebsangehörige für sich gepflegt einen doppelten Pupillenstillstand einplanen kann. In öffentlich-rechtlichen Betrieben stellt sich dieser Sachverhalt ein klein wenig anders dar. Kurz nachdem ich mein Hemd mit meinem ersten Grillwürstchen beschmiert hatte kam eine Kollegin auf mich zu und sagte zu mir: „Ich müsste dann von dir auch noch die 20 € für die Umlage kassieren!" Ich muss meine ehemalige Kollegin hier wohlwollend in Schutz nehmen, denn für diesen misslichen Umstand konnte sie ja schließlich nichts. Jedoch wurde mir in Bruchteilen von Sekunden klar, dass ich von nun ab an diesem Abend genötigt war, für mindestens 40 € zu essen und zu trinken. Im Nachhinein glaube ich, dass ich sogar knapp die Marke von 150 € gestreift habe! Um dieses Kapitel nicht weiter unnötig in die Länge zu ziehen, möchte ich an dieser Stelle die Feierlichkeit in einer zeitlich chronologischen Reihenfolge kurz wiedergeben.

18.00 Uhr	Ende der Gesamtkonferenz, der Abschluss des Schuljahres wird gebührend eingeläutet. Es gibt ein halbes Glas Rotkäppchensekt für jeden Kollegen.
18.01 Uhr	Ein Kollege, den ich noch nie zuvor gesehen habe, stürzt mit seinem Glas Sekt auf mich zu und fragt mich: „Dürfen wir schon trinken?" Ich bejahe dies väterlich.
18.02 Uhr	Der mir unbekannte Kollege stürzt sein halbes Glas Rotkäppchensekt auf ex weg.
18.03 Uhr	Der mir unbekannte Kollege verlässt fluchtartig das Terrain und ward nicht mehr gesehen.
18.05 Uhr	Ich ordere das erste Grillwürstchen und das erste Pils.
18.20 Uhr	Ich ordere das zweite Pils.
18.40 Uhr	Ich ordere das dritte Pils.
19.00 Uhr	Ich ordere das vierte Pils
19.05 Uhr	Ich lege eine kleine Pause ein.
19.30 Uhr	Die Reihen lichten sich merklich, ich beende meine selbst auferlegte Pause und beschließe, Gas zu geben.
19.35 Uhr	Ich gebe Gas. Nun knüppele ich mir im 5 Minuten Takt die Biere rein, 2 gegrillte Schnitzel habe ich in meiner Lehrer-Doktor-Specht-Tasche für schlechte Zeiten versteckt.

20.30 Uhr	Es sind nur noch ganz wenige Kollegen anwesend und dies trotz des Umstandes, dass ich schon doppelt sehe! In einem unbeobachteten Moment lege ich mich mit offenem Mund unter die Zapfanlage und lasse laufen.
21.00 Uhr	Fast keiner mehr da! Tische und Grill werden von strebsamen Kollegen abgeräumt. Ich beschließe mit meinen Referendarskollegen das Feld zu räumen, da wir keine Lust auf Aufräumen haben…außerdem bin ich schon viel zu besoffen dafür!
21.25 Uhr	Mit viel Schlagseite bin ich am Hauptbahnhof angelangt. Mir fällt auf, dass viele Menschen jetzt mit dem Zug in die Landeshauptstadt fahren, um zu feiern. Ich bin der Einzige, der in die andere Richtung fährt. Macht aber nichts, denn die anderen fahren in die Landeshauptstadt, um sich zu besaufen und ich fahre zurück, weil ich schon dicht bin!
21.40 Uhr	Einige Schüler erblicken mich bei Burger King im Hauptbahnhof. Fröhlich johle ich ihnen zu, dass ich voll wie alle Pisspötte der Welt sei. Eine Schülerin fängt an zu weinen, weil sie Angst vor mir hat.
22.30 Uhr	Ich bin zu Hause angelangt. Stark angetrunken schmeiße ich meinen PC an und öffne youtube. Unter den Stichworten „Burger King", „Hauptbahnhof", „besoffen", „Lehrer" und „eingenässte Hose" werde ich fündig. Diese Schweinepriester!!!

Studienseminare

An der einen oder anderen Stelle habe ich ja bereits das eine oder andere Wort zu den Seminaren, die wir Referendare besuchen durften, fallen gelassen. An dieser Stelle möchte ich gern etwas ausführlicher auf diese Seminare eingehen. Nur zur Erinnerung an alle Leser, deren Kurzzeitgedächtnis genauso schlecht funktioniert wie das Meinige: Während des Referendariats muss man drei Seminare über sich ergehen lassen, d.h. ein pädagogisches Seminar und zwei Fachseminare, die den Unterrichtsfächern entsprechen, welche man auf der Uni mehr oder weniger vertieft hat. In meinem Fall hießen die beiden Fachseminare *Seminar für Wirtschaft und Verwaltung* und *Seminar für Industriebetriebslehre*. Das hört sich alles wiederum mächtig gewaltig an, muss es auch, denn sonst würde es ja seine Daseinsberechtigung verlieren. Die Seminare werden von jeweils einem Fachleiter geleitet, der dich dann auch in den Unterrichtsbesuchen zusammenbügelt. Exemplarisch möchte ich im Rahmen dieses Kapitels einmal das Seminar für Wirtschaft und Verwaltung kurz vorstellen, das von meiner gernsten Fachleiterin, Frau Runde, geleitet wurde.

Frau Runde eröffnete dann und wann das Seminar freudig mit den Worten: „Gottelchen, ich bin heute wieder gar nicht vorbereitet!" Ich prägte mir diesen Satz gewissenhaft ein und reproduzierte ihn eins zu eins in einem Unterrichtsbesuch. Das obligatorische Fratzengeballer erfolgte dann in der Nachbesprechung. Doch zurück zur harten Seminarpraxis. Jede Seminarstunde begann Frau Runde obligatorisch mit einer Sprechsteinrunde. Da jetzt in diesem Augenblick wahrscheinlich ziemlich viele Nicht-Pädagogen die Stirn in Falten legen, möchte kurz erklären, was eine Sprechsteinrunde ist. Du bekommst einen blank polierten Speckstein in Eiform in die Flosse gedrückt, darfst dann über dein schönstes didaktisches Erlebnis der letzten Woche berichten (alle anderen lauschen derweil mit großen Augen und Spuckefäden, die aus den Mündern tropfen), um dann den besagten Stein an deinen Nachbarn weiterzugeben.

Dieser darf dann ebenfalls über sein tollstes didaktisches Erlebnis der letzten Woche berichten etc. Als kleine Besonderheit ist noch zu erwähnen, dass der Sprechstein auch kommentarlos weitergebeben werden kann, wenn der Betreffende keinen Bock auf „mein schönstes didaktisches Erlebnis der letzten Woche" hat. Sprechsteine gehören folgerichtig zu der Unterrichtsmethodik, die angehende Vollpädagogen so richtig „supi" finden, weil...

a)   ...sie schon voll von dem pädagogischen Wir-stellen-mal-eine-handbemalte-Wachskerze-in-die-Mitte-und-tanzen-gemeinsam-nackt-unsere-Vornamen-um-danach-darüber-zu-diskutieren-Trip infiziert sind.

b)   ...sie es schon von Berufswegen geil finden müssen.

Wie bereits schon an anderer Stelle erwähnt, finden Schüler diese Sperenzien grundsätzlich saudoof, lachhaft, infantil, wobei der größte Teil der Schüler keinen blassen Schimmer hat, was sich denn genau hinter dem letztgenannten Adjektiv in der Aufzählung verbirgt. Das ist aber auch nicht weiter schlimm, da viele Schüler auch nicht wissen, was ein Adjektiv ist. Doch zurück zum Thema!

Mein erstes Seminar für Wirtschaft und Verwaltung bei Frau Runde. Wir waren eine bunt gemischte Gruppe aus Jung- und Altreferendaren. Frau Runde kramte ihren blank polierten Sprechstein aus ihrem Sprechsteinaufbewahrungstäschchen. Nina, eine Referendarskollegin, die mit mir anfing und dieselbe Fächerkombination wie ich hatte, nahm den Sprechstein in ihre Hand und war kurz davor, den Sprechstein in ihren Mund zu stopfen, weil sie der Ansicht war, dass Frau Runde zur Begrüßung der neuen Referendare ein paar Lutschbonbons in die fröhliche Runde werfen würde. Mit einer schnellen, diskreten Handbewegung bewahrte ich Nina vor einem größeren Fiasko und sie spuckte den Sprechstein unbemerkt wieder aus und gab ihn schnell an ihren Sitznachbarn Nils weiter. Nils gehörte zu den älteren und somit erfahrenen Referendarskollegen. Nils hielt jedenfalls den angesabberten Sprechstein in seiner Hand und schwelgte von einem didaktischen Reichsparteitag in den nächsten, während mich Nina leise anflehte, niemand von ihrem peinlichen Fehltritt zu berichten. Ich versprach ihr es hoch und heilig und überlegte mir derweil eine neue, didaktische Meisterleistung: Ich nahm mir vor, die Sprechsteinrunde in der Höheren Handelsschule in abgewandelter Form zu praktizieren. Ich würde einfach eine Palette Ytong-Steine mitbringen und dann sagen, dass sich jeder mal flugs einen Stein schnappen soll, um dann zu erzählen, was er in der letzten Woche so getrieben hat: „Also, isch schwör isch würde krass gerne sagen, was bei die letzte Woche abging aber die scheiß Stein ist mir auf die scheiß Fuß gefallen, Alda!" Alternativ könnte ich es ja auch noch einen Sprechhaufenimitierterhundkot oder einem Sprechplastikpimmelmitdickeneiern versuchen, der pädagogischen Fantasie werden da keinerlei Grenzen gezogen. Der Sinn und Zweck dieser ganzen Sprechirgendwasscheiße würde sich mir dann zwar immer noch nicht ganz erschließen, jedoch wäre es mit den von mir vorgeschlagenen Alternativen allemal lustiger.

Ich musste jedoch meine didaktischen Schwelgereien abrupt beenden, da ich nun an der Reihe war. Als ich den Sprechstein in meinen Händen hielt war ich zunächst froh, dass sich Ninas Sabber augenscheinlich gleichmäßig auf die Hände meiner Referendarskollegen verteilt hatte. Da ich keine Ahnung hatte, was ich denn nun Schlaues von mir geben könnte, belegte ich in einem 35minütigen Monolog, dass die Bezeichnung *Sprechstein* per se vollkommen irrsinnig ist. Dies begründete ich u.a. mit der Tatsache, dass die physikalische Eigenschaft von Steinen Trägheit und Schwere ist, jedoch auf keinen Fall *Sprechen*. Mein Versuch, ein wenig Heiterkeit in die verkrampfte Runde zu bringen, scheiterte leider Gottes gänzlich. Das Ergebnis meiner Ausführungen waren verlegene Blicke meiner Referendarskollegen, die das Parkett nach Astlöchern absuchten und eine Fachleiterin, die eine Ader von hier bis Feuerland-Mitte hatte.

„Hui, was werde ich mit Frau Runde beim nächsten Unterrichtsbesuch doch für ein Spaß haben!", dachte ich still vor mich hin und ich konnte schwören, dass Frau Runde in diesem Augenblick genau dasselbe dachte. Damit wäre auch die erste und einzige Gemeinsamkeit, die Frau Runde und ich hatten, kurz und knapp umrissen.

Auch das kann passieren! Fehler bei der Planung der zu beschaffenden Lernmittel: Der Taschenrechner CASIO-Sinus450x, der für den wirtschaftsmathematischen Unterricht eingeführt wurde, erweist sich für viele Schülerranzen als „zu groß". Ergebnis: Viele Taschenrechner werden von den Schülern achtlos entsorgt und gammeln nun auf wilden Deponien vor sich hin (siehe Foto).

Nach dem Seminar für Wirtschaft und Verwaltung kam Heini, ebenfalls ein Referendar, auf mich zugestürmt. Heini war ungefähr eine Handbreit größer als eine ostpreußische Saustalltür und ein Typ, der zu Studienzeiten wahrscheinlich immer gesagt hat: „Nein, ich kann leider heute nicht auf die Party, denn ich muss noch lernen!" Jedenfalls nahm Heini meine didaktischen Irrungen und Wirrungen in Bezug auf den Sprechstein wahr und fühlte sich somit genötigt, mir eine 45minütige Unterweisung zum Thema „Pädagogischer Sinn und Zweck von Sprechsteinen im Allgemeinen und im Besonderen" zu geben.

Da ich an diesem Tag ziemlich schlecht drauf war und Heini auf seiner Stirn geschrieben hatte „Ich bin ein dummes Opfer – immer!", wartete ich geduldig das Ende seiner Ausführungen ab und antwortete ihm danach: „Heini, und wenn du das nächste Mal ein leichtes Kribbeln in deiner Rektalgegend verspürst, dann ist das unter Garantie keine neue, homoerotische Liebschaft, sondern der Sprechfurz von Frau Runde, den ich dir da höchstpersönlich und ohne Vaseline reingedrückt habe!"

Nach dieser Ansage schnappte klein Heini flugs seine Umhängetasche und verließ laut schreiend das Terrain. Wieder ein Freund weniger! Ich wollte einfach nicht in die Schule und in das Umfeld der Schule passen! Das waren keine rosigen Aussichten, weder für mich, noch für die Schule!

Die großen Hilfen

Wie bereits an anderer Stelle zart angedeutet geht man nicht allein durch die Hölle, die im Beamtendeutsch Referendariat heißt. Es werden einem jede Menge fachkundige Menschen an die Seite gestellt, die aus der Hölle ein Himmelreich auf Erden bereiten sollen bzw. sollten.

Da wäre zunächst der Schulleiter, der neben seinen umfangreichen Schulleiteraufgaben den Referendaren gern und jederzeit mit Rat und Tat zur Seite steht („Ach, wissen Sie, ich erinnere mich noch gerne an die Zeit als ich…"). Weitaus wichtiger sind die Fachleiter, die schlussendlich über Gedeih oder Verderb entscheiden. Fachleiter sind wiederum ein sonderbares Völkchen. Fachleiter geben gern sonderbare Sätze von sich, wie bspw. „Sie können machen was sie wollen, ich werde immer etwas an ihrem Unterricht zu mäkeln finden!" Auf der anderen Seite verstehen sie es geschickt, ein väterliches bzw. mütterliches Vertrauensverhältnis zu ihren Referendaren aufzubauen („Nun schauen sie mal nicht so bedröppelt drein, ich will Ihnen doch nur helfen!"). Die Fachleiter hätten in der Tat eine große Hilfe sein können, der Teufel lag hier jedoch im Detail. Wie schon mehrfach erwähnt lag das Problem darin, dass jeder Fachleiter eine höchst eigene Vorstellung von gutem Unterricht hatte. Der ein oder andere Referendar meines Jahrgangs bekam diesen Spagat auch ganz prima hin, bei mir hingegen wollte das einfach nicht klappen. Nach außen hin trompete ich selbstbewusst: „Ich lasse mich halt von niemanden verbiegen!", nach innen wusste ich jedoch nur zu gut, dass ich fast der Einzige war, der zu blöd gewesen ist, den ganzen Quatsch halbwegs ordentlich über die Bühne zu bringen. Und bei jedem Spagat, den ich unternahm, stieß ich mir unsanft die Eier. Es gab schließlich auch angenehme Vertreter dieser Fachleiterspezies. Hier kann ich ohne rot zu werden meinen Fachleiter Herrn Großhahn nennen, ein wirklich lieber netter Kerl, der in den Nachbesprechungen von Unterrichtsbesuchen immer erst einen Fachleiterkollegen reden ließ, um dann vollmundig ins Horn zu stoßen: „Ja, der Meinung vom Kollegen rechts neben mir bin ich auch!" Falls er irgendwann mal in die missliche Lage kommen wird, als erster eine Rückmeldung zu irgendeinem Unterricht zu geben, dann wird er wahrscheinlich sagen: „Ja, der Meinung vom Kollegen rechts neben mir werde ich auch sein!" Hierzu noch ein kleines, lustiges Beispiel:

Es geschah an einem späten Abend, ich saß zu Hause still vor mich hin, bemitleidete mich ein wenig selbst, als plötzlich das Telefon klingelte. Am anderen Ende der Leitung war Herr Großhahn, der mit wirrem Blick und zerzaustem Haar in die Muschel dröhnte: „Ja, Tach schön, Großhahn hier! Houston, wir haben da ein Problem- Flagge auf Halbmast! Sie wissen ja, dass die Zwischennoten für Sie anstehen und nun bin ich ganz schön am Rumtütteln. Der Kollege König möchte Ihnen eine 3 geben, jetzt weiß ich gar nicht, welche Note ihnen die Kollegin Runde geben will. Eigentlich würde ich Ihnen gerne eine 2 geben, dies aber nur unter der Voraussetzung, dass Frau Runde Ihnen eine 3 gibt. Wenn nun Frau Runde Ihnen eine 2 geben sollte, dann wäre ich wiederum genötigt, Ihnen eine 3 zu geben, was ich ja gar nicht will, weil ich Ihnen ja eigentlich doch so gerne eine 2 geben würde. Was soll ich tun?" Meinen lieb gemeinten Rat, in diesem besonderen Fall doch einfach zu würfeln überhörte Herr Großhahn, da er wahrscheinlich damit beschäftigt war, alle Möglichkeiten von arithmetischen Mitteln dieses Zensurenproblems gedanklich durchzukalkulieren. Weil ich keine Lust auf eine Fortführung dieser Diskussion hatte und weil ich noch die dicken Möpse auf dem DSF-Spätprogramm sehen wollte, legte ich den Hörer einfach auf die Gabel und entließ Herrn Großhahn in eine sehr, sehr unruhige Nacht. Schade, dass wir im Seminar von Herrn Großhahn nicht die gerechte Notengebung thematisiert haben. Seit diesem Zeitpunkt hätte ich allen Anwesenden anhand eines sehr schönen Praxisbeispiel berichten können, wie man es definitiv nicht machen sollte.

Neben einem Schulleiter, drei Fachleitern, zwei Betreuungslehrern gab es an unserer Lehranstalt auch noch eine Referendarsbetreuerin, die Moni. Moni kann in diesem ganzen Wirrwarr wie folgt eingeflochten werden. Moni übernahm in meiner Ausbildungsschule ungefähr dieselbe Rolle wie Fachleiter Großhahn am Studienseminar, denn Moni hatte nämlich grundsätzlich dieselbe Meinung wie Schulleiter Läutner. In einem längst überfälligen Zwischenresümee kann somit festgestellt werden, dass ich mich während meines Referendariats permanent mit 5 unterschiedlichen Meinungen von 7 unterschiedlichen Leuten auseinandersetzen musste, wobei 2 Leute sich immer der Meinung eines anderen anschlossen. Gott, was ist das doch kompliziert! Und genau aus diesem Grund wenden wir uns nun auch etwas einfacherem zu, nämlich der Person bzw. der Funktion der Referendarsbetreuerin.

Ein Riesenhallo! Die diesjährige Bildungsmesse *didacta* hat in Köln ihre Pforten geöffnet. Das interessierte Fachpublikum stürzt sich auf alle pädagogischen Neuerungen. Der Renner dieses Jahres sind Unterrichtsschlüpfer mit beidseitigem Eingriff und anti-Stress-Bündchen. Toll!

Wie bereits kurz angesprochen, hörte unsere liebe Referendarsbetreuerin auf den Namen Moni. Diese Verniedlichungsform des Vornamens ist auch durchaus angebracht, da Moni mit ihren gefühlten 155cm Körpergröße förmlich nach einem Namen schrie, dessen letzte Silbe man einfach durch ein „i" ersetzte. Moni erfüllte jedenfalls alle Eigenschaften, die man oft und gerne kleinen Leuten zuschreibt: Kleine Leute fühlen sich oftmals wegen ihrer Körpergröße gezwungen, sich permanent profilieren zu müssen. Und die Moni war nun mal ein kleiner Leut!

Seit ihrer mehr oder weniger (eher weniger) feierlichen Ernennung zur Referendarsbetreuerin begann die Moni ihre Sätze gerne mit den Worten: „Ich in meiner Eigenschaft als…". Wenn sich kleine Leute aufplustern, dann kann man dem eine gewisse Komik nicht absprechen. Wenn sich jedoch kleine Beamten aufplustern, dann ist das genauso lustig als würde Angus Young Werbung für Zitronenlimonade machen.

Die Moni stürzte sich jedenfalls mit Feuereifer in ihr neues Aufgabengebiet und berief auch sogleich das erste schulinterne Seminar für uns Referendare ein („Ich in meiner Funktion als…möchte euch herzlich…am…zum…einladen!"). Das Thema des Seminars war „Umgang mit kritischen Situationen im Schulalltag". Neben Rektor Läutner sollten auch alle Referendare der Schule anwesend sein. Zu Beginn des Seminars verteilte Läutner gönnerhaft ein Stapel Kopien mit Extrakten aus der Schulgesetzgebung. Sein Nachsatz: „…das können Sie aber auch alles im Internet nachlesen!", führte die Kopien zwar ad absurdum, es wurde jedoch allseitig gewürdigt, dass er sich die Mühe machte, den Nachmittag mit Hilfe eines fachtheoretischen Fundaments ein wenig Würze zu verleihen. Das eilige Studieren seiner Gesetzestexte brachte uns alle leider Gottes nicht ein Millimeterchen weiter, wir betrachteten dies aber durchaus positiv, da wir nun wieder sieben Zettel mehr hatten, die wir wegheften konnten. Danach erfolgte endlich der von allen lang herbeigesehnte Praxisteil. Hier schöpfte Moni aus ihrem reichhaltigen Erfahrungsschatz und berichtete uns mit weit geöffneten Augen: „…dann standen doch auf einmal nach meiner Unterrichtsstunde zwei ganz doll große Schüler in der

Tür und haben zu mir ganz frech gesagt, dass sie mich nicht durchlassen würden. Da habe ich denen aber ganz keck entgegnet, dass sie mich da aber ganz schnell durchlassen sollen. Und dann haben die mich aber auch ganz schnell durchgelassen!" Mit offenem Mund starrte ich die Moni erwartungsfroh an, ich konnte es gar nicht mehr abwarten, den weiteren Fortgang dieser spannenden Schüler-Lehrer-Konfrontation zu hören, musste dann aber enttäuscht feststellen, dass die Moni bereits geendet hatte. „Na, prima!", dachte ich. „Wenn ich demnächst um 2.00 Uhr morgens in irgendeiner drittklassigen Dorfdisse Stress mit den Türstehern bekommen sollte, dann werde ich ihnen auch einfach sagen, dass sie mich aber ganz flott durchlassen sollen!" Dies habe ich übrigens wirklich am darauffolgenden Wochenende ausprobiert, leider konnte mein Zahnarzt den abgebrochenen Schneidezahn trotz privatärztlicher Krankenversicherung nur notdürftig wieder herstellen.

Schnell mussten wir alle feststellen, dass Moni doch nicht so viel Praxisbeispiele zum Thema „Umgang mit kritischen Situationen im Schulalltag" berichten konnte, denn Moni wiederholte die Begebenheit mit den zwei Vollpfosten in der Tür gefühlte zwölf Mal. Leider wurde diese Geschichte auch mit zunehmender Wiederholung nur unwesentlich spannender. Nach drei Stunden war dann unser erstes schulinternes Seminar beendet. Zum Abschluss erzählte die Moni dann noch einmal die lustige Geschichte mit den Trotteln in der Tür und ihrem großen Auftritt. In der abschließenden Feedbackrunde gaben wir alle pflichtgemäß an, dass uns das Seminar „total viel" gebracht hat. Als kleinen Verbesserungsvorschlag merkte ich noch an, dass diese Seminare für die Referendarsgeneration, die nach mir angefangen hat, nach meinem Dafürhalten mindestens zwei Mal pro Monat à vier Zeitstunden stattfinden sollten. Moni notierte diesen Vorschlag in ihr Notizbüchelchen und murmelte vor sich hin: „Prima Idee, das werde ich für die Neuen gleich in Angriff nehmen!". Auf dem Weg nach Hause lief mir ein Referendar über den Weg, der nach mir an unserer Schule angefangen hatte und den sehr bald ein paar zusätzliche interne Seminartage erwarten würden. Der Kollege verabschiedete sich von mir mit den Worten: „Du kannst gleich den Fahrradsattel von meiner Oma ablecken, du blöde Sau!" Undank ist halt der Welt Lohn. Ich wäre seinerzeit dankbar über jedes zusätzliche schulinterne Seminar gewesen!

Der Showdown war damit aber noch nicht ganz zu Ende, denn er fand in der nächsten Gesamtkonferenz der Schule seinen unerbittlichen Fortgang. Hier wurde die Moni als neue Referendarsbetreuerin dem Kollegium vorgestellt („Ja, hallo, ich in meiner Funktion als...möchte euch...blablablabla..."). Dann ließ es sich die Moni auch nicht nehmen, in epischer Breite von dem ersten schulinternen Seminar für Referendare zu berichten, das sie in einem Anfall von unstillbarem Arbeitseifer ins Leben gerufen hatte. „Wie kann man nur ohne rot zu werden diese Dünnbrettbohrerei als Seminar verkaufen? Die hat doch permanent nur von irgendwelchen Leuten erzählt, die ihr den Weg versperrt haben und die sie dann mit einem rhetorischen Asthmaanfall verscheucht hat!", zischte ich einer Referendarskollegin zu. „Sei still!", raunte sie zurück, „Es kommt eben auf die Sichtweise an, außerdem gehört Klappern zum Handwerk. Sieh es doch mal so: Es gibt ja auch Leute, die zu manchen Sachen Natursekt und Kaviar sagen!" Diese Erklärung leuchtete mir sofort ein, so dass ich mich wieder den Ausführungen von Moni zuwenden konnte.

Danach kreuzten sich noch einmal die Wege von der Moni und mir. Kurz vor meinem ersten Prüfungsunterricht nahm mich die Moni in mütterlicher Art und Weise an ihre kleine Seite und war sich nicht zu schade, mir noch ein paar didaktische Geheimtipps mit auf den Weg zu geben. „Wenn sie jetzt wieder anfängt, von den beiden Trotteln zu berichten, die ihr den Weg versperrt haben, dann haue ich ihr vor versammelter Mannschaft was vor die Glocken!", dachte ich mir. Glücklicherweise sollte es aber anders kommen...jedoch bei weitem nicht besser!

Moni gab zu bedenken, dass mein Prüfungsunterricht und der letzte Schultag vor den Sommerferien eine ziemlich unglückliche Union bilden würden. Ich entgegnete ihr, dass diese Sorge absolut unberechtigt sein würde, da die Schüler schon wissen, was der Prüfungsunterricht für mich bedeuten würde und dass sie vielleicht sogar dankbar sind, dass sie nicht den ganzen Tag frühstücken müssten. Mein Versuch, den Adrenalinspiegel von Moni auf ein normales Maß runter zuschrauben, scheiterte jedoch kläglich. Moni griff nun richtig tief in ihre Praxisschublade: „Und denke immer daran, es ist Sommer, stell dich deshalb während des Prüfungsunterrichts nicht so dicht an die Fenster, da deine Schüler sonst von der Sonne geblendet werden könnten!" Ich schaute Moni daraufhin mit dem Gesicht eines Dorfältesten an und dachte: „Mensch, toller Tipp! Und am Abend vor dem Prüfungsunterricht sollte ich auch kein Bier trinken und Trockenpflaumen essen, weil das Ergebnis noch viel schlimmer ist als von der Sonne geblendet zu werden!" Da Monis Gedanken augenscheinlich immer noch um den letzten Schultag kreisten, an dem mein Prüfungsunterricht stattfinden sollte, holte sie nun zum finalen, didaktischen Schlag aus: „Und nun noch ein kleiner Tipp: Es soll ja durchaus Referendare gegeben haben, die ihren Schülern *vor* dem Prüfungsunterricht einen Kuchen gebacken haben!" Moni schaute mich an als hätte sie gerade die Heisenbergsche Unschärferelation mit zwei Sätzen komplett widerlegt. Ich erwiderte dies meinerseits mit ungläubigem Starren. Kurzzeitig wünschte ich mir, dass sie mir doch die Geschichte mit den beiden Hornochsen in der Tür erzählt hätte. Im Gedanken malte ich mir aus, ob ich unter Anwendung von Gewalt der Moni mit wasserfestem Edding einen Oberlippenbart malen sollte. Monis zusammengekniffene Augen ließen mich befürchten, dass sie Gedanken lesen konnte, so dass sie abermals und mit Nachdruck auf den dämlichen, selbstgebackenen Kuchen *vor* dem Prüfungsunterricht bestand.

Ich beschloss, die angespannte Situation durch einen lockereren Spruch zu entzerren: „Moni, ich kann meinen Schülern doch einfach das Folgende sagen: Wer beim Prüfungsunterricht nicht ordentlich mitmacht, dem zeige ich zur Strafe ein Nacktfoto von der Referendarsbetreuerin!"

Seit diesem Tag war mein Verhältnis zur Moni ein klein wenig unterkühlt und ich sehe auch in naher Zukunft keine Besserung.

Der zweite Prüfungsunterricht (PU II)

Unschwer zu erkennen, dass sich dieses Buch so ganz allmählich dem Ende zuneigt. Dies kann man leicht daran erkennen, dass nicht mehr so ganz viel Seiten übrig sind und daran, dass hier der zweite Prüfungsunterricht thematisiert wird, mit dem der ganze Murks ein mehr oder weniger rühmliches Ende findet. Des Weiteren möchte ich hier in etwas ausführlicherer Weise auf meinen zweiten Prüfungsunterricht eingehen, da dieser ganz besonders lustig gewesen ist. Wer sich jetzt wundert, weshalb ich nichts zum ersten Prüfungsunterricht erzähle, dem kann ich entgegenhalten, dass es diesbezüglich nicht viel Spektakuläres zu berichten gab. Er war mittelmäßig, wen wundert es. Vielleicht hätte ich ja doch vorher einen Kuchen backen sollen? Egal, diese Frage ist müßig zu beantworten, aus diesem Grund schwenke ich gleich zum zweiten Prüfungsunterricht über. Ad rem...wenn ich an dieser Stelle mal ein wenig mit meinem Asterix und Obelix Latein angeben darf.

Wie ja bereits schon mehrfach erwähnt, sind beim zweiten Prüfungsunterricht (in Fachkreisen wird dieser auch gern mal weltmännisch „PU II" genannt) alle Fachleiter, der Schulleiter sowie irgend so ein Heini vom Ministerium anwesend. Letztgenannter sitzt einfach nur da, schaut während des Prüfungsunterrichts mit strenger Kennermine vor sich hin und hat eigentlich auch keine weiteren Aufgaben als wichtig und sparsam dreinzuschauen. Nur der Vollständigkeit halber möchte ich hier erwähnen, dass der schriftliche Entwurf zum Prüfungsunterricht locker und flockig die Ausmaße einer Gutenberg-Bibel einnimmt. Doch damit noch nicht genug, denn auch die Vorbereitungen zum Prüfungsunterricht erweisen sich als recht arbeitsintensiv. So wird einen Tag vorher die Schultafel nicht nur abgewischt, sondern zudem mit einem Abzieher noch trocken gezogen. Der Overheadprojektor wird mit Glasreiniger gereinigt, kleine Papierkügelchen und sonstiger Schülermüll wird sorgfältig aus den Ecken entfernt etc. Kurz: Man bereitet einen Klassenraum so vor, wie man ihn definitiv niemals mehr in seinem Berufspädagogenleben vorbereitet wird. Spontan hatte ich bei diesen Vorbereitungen noch die Idee, auf eigene Rechnung doppelt verglaste Fenster einzubauen und Tropenholzparkett zu verlegen, um noch zusätzlich Eindruck zu schinden. Mangels finanzieller Masse musste ich leider von diesem Vorhaben Abstand nehmen.

Während meines zweiten Prüfungsunterrichts wollte ich das Thema Bedürfnisse behandeln. Vorab überlegte ich mir selbstverständlich jeden Schritt, den ich im Klassenraum gehen wollte und jedes Wort, das über meine Lippen kommen sollte. Mit aufreizender Lässigkeit verteilte ich schließlich meine 153 Arbeitsblätter, ließ die Schüler Blut und Wasser schwitzen…naja, jedenfalls taten sie so, als würden sie Blut und Wasser schwitzen. Während der Gruppenarbeitsphase nahm ich mir die Freiheit, wichtig dreinzuschauen und ließ die Ergebnisse dann in einem didaktischen Feuerwerk von den Schülern präsentieren. Abschließend fasste ich die Ergebnisse in einem Tafelbild zusammen, das es meines Erachtens mühelos auf die Titelblätter pädagogischer Fachzeitschriften geschafft hätte. Meine ganz objektive und selbstkritische Einschätzung meines zweiten Prüfungsunterrichts war, dass das Genie ab heute ein Gesicht hatte, nämlich das meinige! Punktgenau entließ ich die Rasselbande in die wohlverdiente Pause und merkte jovial an: „Und nun ab in die Pause, die Jungs mit dem Kulturfaden um den Hals bleiben aber bitte noch hier, weil wir ja noch eine winzige Kleinigkeit zu besprechen haben!"

Rektor Läutner stürmte dann sogleich auf mich zu und fragte mich: „Wollen wir in ungefähr 10 Minuten mit der Nachbesprechung anfangen oder brauchen sie noch etwas Zeit?", „Warzen bespricht man, mein lieber Läutner, jedoch keine Prüfungsunterrichte!", korrigierte ich Rektor Läutner väterlich. „Außerdem wäre ich euch Jungs für 15 Minuten Pause dankbar, da bei meiner Freundin aus der Parallelklasse die fünfte Stunde ausgefallen ist und ich ihr gerne noch Tschüss sagen würde!" Da Läutner nach dieser Entgegnung sogar sein Mundwinkel-Spiel vergaß, offerierte mir sein versteinerter Blick drei Möglichkeiten.

a) Er konnte meine beiden Späßchen nicht intellektuell verarbeiten.

b) Er fand meinen Prüfungsunterricht scheiße.

c) Eine Kombination aus a) und b).

Egal, welche von den drei Möglichkeiten eintreffen sollte, mir wurde schlagartig bewusst, dass die nachfolgende Nachbesprechung nicht unter die Rubrik *Kindergeburtstag mit Wattepusten* fallen würde. Das einzig beruhigende an dem ganzen Referendariat war, dass ich mich eigentlich fast immer auf meine Intuition verlassen konnte. Somit wurde ich mehr und mehr nicht ein vorbildlicher Vollpädagoge, sondern ein heißer Anwärter für die „Next Uri Geller Show".

Ich möchte hier die lustige Warzennachbesprechung nicht im Detail wiedergeben, denn das würde den Rahmen dieses Kapitels bei weitem sprengen. Nur soviel: Es ist schon mit einer gewissen Komik behaftet, wenn gebildete und gutbezahlte Fachleiter krampfhaft versuchen, Schlagworte wie beispielsweise „Wat für ein Scheiß war das denn?" oder „Kneif mich, denn dieser Mist, den der Typ Unterricht nennt, kann doch nur ein Traum gewesen sein!" in ein pädagogisch-adäquates Feedback zu gießen. Rektor Läutner nahm jedenfalls während der Nachbesprechung meines Prüfungsunterrichts folgendes Sitzhaltung ein: Sein Hintern berührte den äußersten Rand des Stuhls, so dass er sich mit einem Knie an der Tischkante abstützen musste. Einen Ellenbogen hatte er in seinem Bauch gestützt, dieser Arm diente ihm dann auch als Stütze für seinen Kopf. Damit untermauerte er die Theorie, dass Hohlkörper niemals frei Schweben können. Kurz und gut, seine Sitzhaltung lud dazu ein, ihm zu sagen: „Setz dich mal anständig hin, du Rotzlöffel, sonst gibt es eine Kopfnuss!" Eben diese Sitzhaltung passte jedoch ganz gut zu dem Feedback, das er mir gab: „Wenn so ein Unterricht hier Standard wäre, dann könnte ich meinen Laden dicht machen!"

Dieser Ausspruch (übrigens ein Originalzitat) ließ leider Gottes wenig Spielraum für Positives. Wahrscheinlich bedauerte Läutner sogar, dass die Notenskala schon bei 6 und nicht bei 12 endet.

Wahnsinn!! Schule goes Marktwirtschaft. OStrRin Uschi Maibach-Rausch verkauft im Atrium der Peter-Hartz-Berufsschule Sprechsteine für interessierte Kollegen.

„...dann kann ich meinen Laden dicht machen...", kalter Schweiß legte sich auf meine Stirn und lief mir den Rücken runter. Ich bekam nicht nur um mich Angst, sondern in erster Linie Angst um andere. Im Gedanken las ich schon die Schlagzeilen in der lokalen Presse: *Unglaublich! 100 Lehrer in der Landeshauptstadt von heute auf morgen auf der Straße! Wie uns die Deutsche Presseagentur soeben meldete hat ein offensichtlich geistig verwirrter Referendar...*ich möchte jetzt diese

Gedanken nicht weiter auswalzen. Machen wir es kurz, man gab mir für meine vermeintliche Meisterleistung die Note 3,7. Wahrscheinlich haben sich die Jungs gedacht: „Wenn wir den Eumel jetzt durchfallen lassen, dann klebt er uns noch ein halbes Jahr länger an der Backe und der Kollege Läutner muss sein Kollegium bald zur Bundesagentur für Arbeit schicken. Also braten wir ihm mit der 3,7 mächtig einen vor den Koffer und hoffen, dass er sich hier nie wieder blicken lässt!"

Mit dieser Note trottete ich mich in die öffentlich-rechtlich verordnete Pause und warte auf die mündliche Prüfung, die im Anschluss folgen sollte. Die Pause nutzte ich, um eine halbe Packung Zigaretten zu rauchen und den Leuten, die meinen schriftlichen Entwurf für den Prüfungsunterricht für gut befunden haben, kräftig was vor den Latz zu semmeln. Mit dieser Handlungsmaxime, nämlich *Schuld sind sowieso immer die Anderen* war ich felsenfest der Meinung, dass ich immer noch auf einem guten Weg war, ein klasse Pädagoge zu werden. Überdies spielte ich in der Pause verschiedene Szenarien der mündlichen Prüfung durch, um mir so meine mögliche Endnote auszurechen. Das Ergebnis verwunderte mich nur im sehr geringen Maße. Im Prinzip war es vollkommen egal, was ich in der mündlichen Prüfung abliefern würde, meine Endzensur würde sich irgendwie in der Spanne von 2,6 bis 2,9 einpendeln. Durchschnitt! Mir wurde klar, dass ich in meinem Leben irgendwie eine ziemlich lästige Konstante am Hacken hatte. Mit dieser Gewissheit ging ich also in die mündliche Prüfung.

Während der mündlichen Prüfung wurden von jedem Fachleiter artig die Fragen zu den Themen gestellt, die wir vorab schon mehrere Male durchgesprochen hatten. Aufgrund der Tatsache, dass ich hier nicht mehr mit bösen Überraschungen konfrontiert wurde und dass sich meine Endzensur sowieso wieder im mittelmäßigen Bereich einpendeln würde fing ich an, mich zu langweilen. Ich überlegte sogar, ob ich die ganze Farce beenden und die honorigen Herren fragen sollte, ob wir nicht lieber eine Runde Ching-Chang-Chong spielen sollten. Ich beließ es jedoch bei dem Gedanken, denn auf einmal fing es doch an, interessant zu werden. Fachleiter Großhahn fing an, mich über nonverbale Kommunikation auszufragen. Ich nutzte die Gunst der Stunde, warf ihm ein paar Grundlagen der Körpersprache vor den Ballon und holte dann zum ganz großen Schlag aus. Ich kopierte exakt Rektor Läutners Sitzhaltung, die immer noch mehr an die Körperhaltung eines 80er-Jahre-Punks mit Null-Bock-Attitüde erinnerte als an einen aufmerksamen Zuhörer. Still dachte ich: „Freundchen, ich werde dir schon zeigen, wer hier welchen Laden dicht machen kann!" Nachdem ich exakt seine Sitzhaltung imitiert hatte, gab ich dann vollmundig von mir: „Schauen Sie mal, Herr Großhahn, wenn ich diese herablassende Sitzhaltung einnehme, dann sende ich doch damit ganz eindeutig Desinteresse, Destruktivität und Ablehnung aus!" Aus den Augenwinkeln beobachtete ich Rektor Läutner und seine Reaktion auf meinen Frontalangriff. Zu meiner großen Enttäuschung behielt Rektor Läutner jedoch konsequent seine LMAA-Sitzposition ein. Höchstwahrscheinlich hatte er meinen prima Seitenhieb überhaupt nicht wahrgenommen, weil er sich gerade im Gedanken ausmalte, wie das weibliche Lehrerkollegium ohne Oberbekleidung aussehen würde („Na, tut ihr blöd schauen, dass ich während des Prüfungsunterrichts an dicke Möpse denken tue?")

Nachdem das ganze Gefasel, also die mündliche Prüfung, beendet war, wurde mir meine Endnote verkündet: 2,8...kein Kommentar! Artig spielte ich unendliche Freude vor: „Nein!!!! Damit hätte ich ja nun gar nicht mehr gerechnet!" Danach verabschiedete ich mich von dem Prüfungsgremium und nahm deren Glückwünsche entgegen. Glückwünsche? Für was eigentlich? Als ich mich dann von Rektor Läutner verabschiedete wäre mir fast rausgerutscht: „Gell, Läutner, die Kollegin Reinhard hat schon ein paar unglaubliche Tüten oder woran haben sie da die ganze Zeit während meiner Prüfung gedacht?" Ich verkniff mir jedoch diesen Kommentar und beschloss, Läutners virtuelle Phantasien nicht zu zerstören und ihn mit dem angenehmen Gedanken von Frau Reinhards Möpsen seiner Wege ziehen zu lassen.

Nun war es also vollbracht! Ich war seit diesem Augenblick staatlich anerkannter Pädagoge mit der Lizenz zum Unterrichten. Dies alles jedoch mit einer ziemlich durchschnittlichen Gesamtnote, einer ziemlich beschissenen Fächerkombination und folglich mit einer mehr als bschissenen Berufsaussicht. Die obligatorischen Fragen meiner Kollegen („Na, wie ist denn deine Prüfung gelaufen? Alles in Ordnung?") quittierte ich mit einen geraunten: „Haltet eure blöde Fresse!" Auf diese Art und Weise wusste irgendwie jeder das, was er wissen wollte und sollte.

Vor dem Schulgebäude kaufte ich mir von Özgür, einem Schüler der Höheren Handelsschule, eine Packung Lucky Strike für 1,50€. Ich riss die Packung auf, rammte mir eine Lucky ins Gesicht und überlegte mir auf dem Nachhauseweg, ob ich vielleicht doch eine Currywurstbude aufmachen sollte. Immerhin eine nette Alternative!

Das war es dann wohl

Wenn es am schönsten ist, dann soll man gehen! Dieser weise Ausspruch sollte nun auch mich unerbittliche Realität werden, denn heute sollte ich das Studienseminar zum letzten Mal von innen sehen und ich hatte die Schnauze auch schön gestrichen voll. Mit gespielter Wehmütigkeit nahm ich im pädagogisch-wertvollen Stuhlkreis Platz. Eigens zu diesem großen Ehrentag hatten sich alle herbemüht: Alle Fachleiter und alle Referendare meines Jahrgangs waren heute anwesend, bis auf die paar Graupen, die mit wehender Banane durch die Prüfung gerasselt sind. Egal, Schwund muss es auch in öffentlich-rechtlichen Einrichtungen geben! Es wurde sich selbst beweihräuchert und eine Gott-was-sind-wir-doch-die-Allergeilsten-überhaupt-Atmosphäre generiert. Mir wurde augenblicklich bewusst, dass wir, d.h. die gesamten Referendare, ab sofort in Augenhöhe mit den Fachleitern standen und somit auch zu den Großen gehörten. Sehr ärgerlich, dass ich der einzige Große war, der zum gegebenen Zeitpunkt immer noch keine Stellenzusage hatte. Das sollte aber die schöne Atmosphäre in keiner Art und Weise trüben.

Wir saßen dort vereint in dem pädagogisch wertvollen Sitzkreis und hatten uns alle irgendwie ganz, ganz doll lieb. Selbst die Fachleiter, die von einigen Referendaren während des Referendariats mit wüsten Die-soll-der-Blitz-beim-Kacken-Flüchen belegt worden sind, waren nun auf einmal unisono doch irgendwie so ein Stück weit ziemlich kompetente Ansprechpartner und Prinzip ganz patente Mitmenschen, mit denen man gerne mal das ein oder andere Pils trinken würde, um die guten alten Zeiten Revue passieren zu lassen.

Sodann wurde auch munter der offizielle Teil des Tages eingeläutet. Fachleiter Redensreich hielt eine kurze Ansprache und versuchte seinem Image als lustiger Onkel mit jeder Silbe seiner Rede Rechnung zu tragen. Danach ließ er geschwind 1,5 Jahre Referendariat mit Hilfe von 10 Folien und eines wahrscheinlich schon seit 8 Jahren abgeschriebenen Overheadprojektors an uns vorbeisausen. Auf der letzten Folie hatte Fachleiter Redensreich sorgfältig eine MS-Excel-Tabelle kopiert, die mit der Überschrift „Abschlussstatistik des Jahrgangs" versehen war. Die Endnoten aller Referendare waren hier in Form eines Balkendiagramms dargestellt, so dass alle auf einen Blick sehen konnten, wie viel Referendare mit sehr gut, gut, befriedigend etc. das Referendariat hinter sich gebracht haben. Beim Studieren der Folie fiel mir auf, dass der kleine Balken am rechten, äußeren Rand eigentlich meinen Namen hätte tragen können. Außerdem musste ich leider bemerken, dass es rechts neben meinem Balken keinen weiteren Balken mehr gab (Anm.: Für alle die, die das nicht ganz verstanden haben: Ich war der Schlechteste meines Jahrgangs!). Diese Folie ließ Herr Redensreich einige Sekunden auf dem Overheadprojektor verharren, ließ sie sacken, blickte dann noch einmal feierlich in die Runde und verkündete mit sichtlich bewegter Stimme: „Na, ich meine, das kann sich aber wohl sehen lassen!"

„Stimmt!", dachte ich so vor mich hin. „Sehr ordentliches Ergebnis! Wenn man alle die Kameraden einfach unter den Tisch fallen lässt, die durchgefallen sind, dann muss da ja zwangsläufig ein ganz passables Ergebnis bei rumkommen! Sollte ich denn nun wirklich Lehrer werden und Schulklassen unterrichten, dann hieße das für mich: Sortiere bei den Klassenarbeiten, die du hast schreiben lassen, alle Fünfen und Sechsen heraus, errechne dann den Notendurchschnitt, um schließlich aller Welt zu verkünden, was für ein geiler Lehrer du doch bist!" Weiter veranlasste mich die ominöse letzte Folie zu der Vermutung, dass Fachleiter Redensreich nebenberuflich die Arbeitslosenstatistiken für die Bundesregierung erstellt. Und sollten im nächsten Jahr sage und schreibe lediglich 45 Arbeitslose bejubelt werden, dann wisst ihr ja, an wen ihr euch bei etwaigen Rückfragen zur Statistik wenden müsst. Positiv blieb festzuhalten, dass ich auch noch am letzten Seminartag etwas gelernt habe.

Glücklicherweise fand die feierliche Stunde genau zu diesem Zeitpunkt ein Ende, als mir klar wurde, dass ich diesen ganzen Quark nur mit einem Blutalkoholwert von 2,9 Promille steil aufwärts aushalten würde. Somit verließ ich zwar genervt jedoch auch reichlich nüchtern zum allerletzten Mal das Studienseminar. Vor der Tür nahmen alle Referendarskollegen Anteil an meiner misslichen Lage. Wie gesagt, ich war der Einzige ohne Zusage auf eine Stelle, alle anderen hatten mindestens eine Zusage in ihrer Tasche. Aus diesem Grund ließ es sich der ein oder andere nicht nehmen, mir noch den einen oder anderen gut gemeinten Ratschlag auf den Weg zu geben: „Das wird schon irgendwie wieder!"…„Ganz wichtig, den Kopf nicht hängen lassen!"…etc. Nur klein Heini hatte sich ganz schnell verdrückt, da er immer noch Angst davor hatte, dass ich ihm den Sprechstein von Frau Runde rektal einführen wurde. An dieser Stelle sei mir eine ganz persönliche Bemerkung gestattet: „Heini, wenn du das hier liest, ich stehe direkt hinter dir!!!!" Abschließend meinte eine Referendarskollegin noch zu mir, dass man diesen ganzen Kram, der sich Referendariat nennt, mal aufschreiben müsste, damit auch die Außenwelt davon erfährt. In einem Anflug von frühzeitigem Burn-out versprach ich ihr, mich darum zu kümmern. Das habe ich nun davon! Egal, nun bin ich ja fast fertig!

Die Verabschiedung im Studienseminar hatte ich nun hinter mich gebracht, jedoch hatte ich ja noch das Schlimmste vor mir: Der letzte Tag in meiner Ausbildungsschule. Hier war es Brauchtum, dass die Referendare an ihrem letzten Tag für das ganze Kollegium belegte Brötchen und Schmunzelbrause auf den Markt werfen. Alle gut gemeinten Überzeugungsversuche meinerseits, dass man auch durchaus mal mit althergebrachten Traditionen brechen kann und darf, stießen leider auf taube Ohren. Meine Referendarskollegen bestanden darauf, das Lehrerzimmer am kommenden Tag in einen Orgiensaal für Berufsbeamte zu verwandeln. Somit beugte ich mich widerwillig der Mehrheit.

Das Mahnmal des unbekannten Pädagogen vor der Modern Talking Gesamtschule in Kötteldorf. Hier werden Schüler und Lehrer jeden Tag in symbolischer Weise daran erinnert, dass Gras nicht schneller wächst, wenn man daran zieht.

Wie sich jedoch herausstellen sollte, hatte ich Glück im Unglück, denn Sillie erklärte sich bereit, 320 Brötchen, 40 kg Mett, 7 Laib Käse und 280 Flaschen Prosecco einzukaufen. Dies bedeutet für mich: Brötchen schmieren, Prosecco entkorken und auf möglichst wenig anstrengende Kommunikation hoffen.

Während der ersten großen Pausen stürmten dann auch die lieben Kollegen sogleich in das Lehrerzimmer, das wir liebevoll hergerichtet hatten und machten sich über die Brötchen und den Sekt her. Sillies energischem Eingreifen war es zu verdanken, dass ich nicht zu jedem Kollegen gegangen bin, um eine Umlage in Höhe von 20 € einzusammeln...wie beim Grillen. Rektor Läutner erwies sich ebenfalls die Ehre, er kam in das Lehrerzimmer, ballerte sich in Rekordzeit sieben Mettbrötchen hinter die Kiemen und verließ danach fluchtartig das Geschehen. In Moni hatte er übrigens eine prima Nachahmerin seines Verhaltens gefunden („Ich in meiner Funktion als Referendarsbetreuerin werde jetzt ein Brötchen essen und muss dann aber auch ganz schnell weg!"). Da ich zu diesem Zeitpunkt schon ungefähr 3 Flaschen Prosecco intus hatte, fragte ich einen Kollegen mit lauter Stimme: „Kann diese Furzbirne von Schulleiter nicht mal anständig *Tschüss* und *alles Gute* sagen?" Der Kollege versuchte, mir meine Bugwelle zu nehmen und sprach beschwichtigend auf mich ein: „Hey, sieh es doch mal so. Vielleicht hat er sich in dich verliebt und möchte dir nicht Lebewohl sagen, weil sein Abschiedsschmerz zu groß ist! Auch Männer haben Gefühle, die sie manchmal nicht zeigen wollen!"

Beschämt blickte ich auf den Boden, da mir diese Gedanken noch gar nicht gekommen waren. Jedoch leuchtete mir die Argumentation des Kollegen durchaus ein, so dass ich mich entschied, nochmal persönlich in Läutners Büro aufzuschlagen, um diesem emotional hin- und hergerissenen Mann die Gelegenheit zu geben, einen Abschied auf Männerart zu genießen. Tief betroffen eilte ich in Richtung Läutners Büro. Leider muss ich schon jetzt vorweg nehmen, dass der Kollege mit seiner Mutmaßung kein Recht behalten sollte.

Läutner saß in seinem Büro vor seinem PC und war in einem Gespräch mit der stellvertretenden Schulleitung vertieft. Er bemerkte mich eine ganze Weile gar nicht, als er mich dann endlich wahrnahm verriet mir sein Blick, dass ich nicht unbedingt unter das Kapitel willkommene Person fiel. Er gab mir pflichtgemäß seine Hand und nuschelte aus den Mundwinkeln: „Jau! Tschüss denn! Alles Gute und so!" Danach vertiefte er sich wieder in das Gespräch mit seinen Kollegen und machte mit seiner Zunge ein schnalzendes Geräusch, um die Mettfäden aus seinen Zahnzwischenräumen zu entfernen, die die sieben Schweinehackbrötchen unweigerlich hinterlassen hatten.

Ich schlich mich in Richtung Tür, hielt einen kleinen Augenblick inne und sagte: „Ja! Tschüss denn! Ich muss jetzt ein wenig Fersengeld geben, denn meine Freundin aus der Höheren Handelsschule hat heute nur bis zur sechsten Stunde Unterricht!" Im Weggehen drehte ich mich dann abermals um und holte zum finalen Schlag aus: „Ach, Herr Läutner, ich muss ihnen noch eingestehen, dass ich vorhin aus Versehen gegen das Tablett mit den Mettbrötchen gefurzt habe! Tut mir echt Leid!" Dann verließ ich schnellen Schrittes diese gastliche Herberge. Aus der Ferne hörte ich noch ein paar komische Würgegeräusche. Das war auch das Letzte, was ich jemals von Rektor Läutner hörte. Ich glaube nicht, dass Herr Läutner und ich irgendwann Hand in Hand Mettbrötchen kaufen werden...

Als ich schließlich auch diesen Kelch hinter mich gebracht hatte und ganz allein das letzte Mal vor meiner Ausbildungsschule stand wurde mir schlagartig klar, dass sich nun für mich das erfüllen sollte, wovon Generationen von Schülern jeden Tag auf das Neue träumen: Nie wieder Schule!

Undank ist der Welt Lohn

Nach den ganzen Kapiteln möchte ich nun zum Schluss etwas versöhnlichere Töne anschlagen. Dies tue ich an dieser Stelle aus zwei guten Gründen. Zum einen reduziert sich nach dem ganzen geschriebenen Zeug der Dank auf ein recht überschaubares Maß. Zum anderen möchte ich genau an dieser Stelle meine Dankesworte schriftlich niederlegen, weil das letzte Kapitel (und dann noch ein Kapitel mit so einer langweiligen Überschrift) erfahrungsgemäß niemand liest.

Tja, wem soll ich denn nun danken? Sicherlich nicht irgendwelchen Sprechsteineweiterreichern. Mein Dank geht schlicht und ergreifend an alle die Berufspädagogen, die in der Tat brav ihre 50 Stunden in der Woche runter büffeln und die sich vor allem dadurch auszeichnen, dass sie sich mehr auf die Arbeit als auf das Stöhnen konzentrieren. Irgendwie geht deshalb auch mein Dank an alle übrigen Berufspädagogen, denn ohne sie hätte ich diese Erfahrungen nicht machen können und dieses kleine Buch, das die Welt definitiv nicht braucht, hätte es niemals gegeben.

Fazit: Bleibt alle so wie ihr seid, sonst wäre das Leben doch ein Stück weit langweilig und weiterhin viel Spaß beim Sprechsteineweiterreichen!

…ab hier braucht keiner mehr weiterzulesen, weil nichts mehr kommt!